MAURO TALINI

OLTRE IL LIMITE... LA SPERANZA!

Diario di un ciclista diabetico
che ha percorso il Sud America per solidarietà

Pendragon

Mauro Talini
Oltre il limite... la speranza!
Diario di un ciclista diabetico che ha percorso il Sud America per solidarietà

progetto grafico: Studio GI&I

In copertina: foto di Mauro Talini

L'autore ringrazia Goffredo Bagnoli, Massimiliano Talini, Katia Colombo, Marta Graziani, Caterina Pastorelli che hanno collaborato alla realizzazione di questo libro.

Mauro Talini
Via Casina 40 – 55054 QUIESA MASSAROSA (LU)
Web: www.maurotalini.it

Libro in collaborazione con
Associazione Internazionale Padre Kolbe A.I.P.K. Onlus
Viale Giovanni XXIII 19 – Borgonuovo 40037 SASSO MARCONI (BO)
Tel. 051.846065
Web: www.aipkolbeonlus.org – email: info@aipkolbeonlus.org

Tutti i proventi di questo libro andranno a sostenere il progetto
Città della Speranza – Riacho Grande – SP – Brasile

Via Albiroli, 10 – 40126 Bologna
www.pendragon.it

Indice

Introduzione

Tra dicembre 2009 e febbraio 2010, Mauro Talini ha effettuato una pedalata in solitaria lunga oltre 9.000 km da La Paz (Bolivia) a Tierra del Fuego (Ushuaia, Argentina), attraverso Bolivia, Brasile, Cile e Argentina, passando nei paesi e nei centri presso cui l'Associazione Internazionale Padre Kolbe Onlus (AIPK) ha attivato i suoi principali progetti di cooperazione e sviluppo.

Mauro è un trentasettenne toscano, diabetico insulino-dipendente dall'età di undici anni, che da circa otto anni organizza e realizza dei viaggi in bicicletta, rigorosamente in solitaria, sia per gusto personale, sia con l'intento di dimostrare che il diabete non è un limite, e non deve limitare la vita di chi vuol fare dello sport, anzi chi è affetto da questa malattia può veramente trarre giovamento dalla regolare attività fisica.

Anche questa iniziativa, che è stata battezzata "Una bici mille speranze", rispecchia quelle che sono le sfide sportive di Mauro, con in più l'intento di raccogliere fondi a sostegno del progetto dell'AIPK chiamato *Città della Speranza*, che si trova a Riacho Grande di San Paolo in Brasile. È un progetto che prevede la costruzione di un complesso edilizio composto da diverse strutture: il Centro Sociale per Bambini, già concluso; il Centro di Formazione alla Vita, struttura "cuore" della *Città della Speranza*, e infine il Centro di Accoglienza Residenziale.

Il 29 novembre 2009, giorno della partenza di Mauro per il Sud America, è stato organizzato presso il Centro delle Missionarie dell'Immacolata Padre Kolbe di Borgonuovo (Sasso Marconi, Bologna), un evento di saluto che ha coinvolto numerose persone, amici di Mauro e delle Missionarie, i partner sostenitori di questo viaggio, tra cui ANIAD, Novo Nordisk, Azienda Corradi SPA, e le istituzioni dei Comuni di Sasso Marconi (BO) e di Massarosa (LU). In quella occasione l'AIPK Onlus, insieme alla Società Ciclistica Ceretolese e al gruppo di ciclisti "Stelvio over 70" di Giancarlo Maini, ha organizzato una pedalata per accompagnare Mauro da Sasso Marconi fino all'aeroporto G. Marconi di Bologna.

Quello che segue è il diario tenuto da Mauro nel corso del suo viaggio.

Il diario

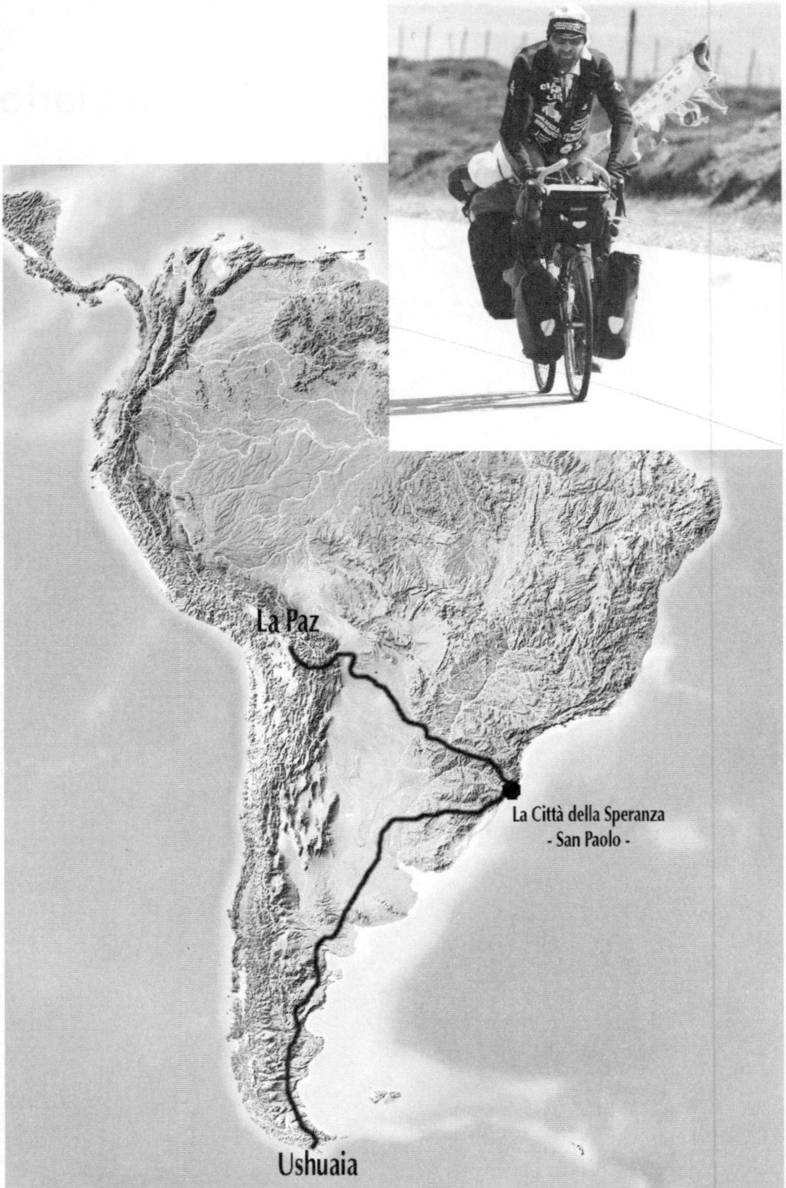
La Paz
La Città della Speranza
- San Paolo -
Ushuaia

29 novembre 2009
Partenza da Bologna

Il giorno tanto atteso è arrivato. Dopo aver salutato tutti vado a fare il check-in, sono felicissimo, ma dall'altoparlante dell'aeroporto dicono: Mauro Talini è desiderato ai bagagli. Mi presento per vedere qual è il problema: la bicicletta non entra nell'aereo. Ecco l'imprevisto, probabilmente il primo di una lunga serie... da qui capisco che il viaggio è iniziato.

Sono al primo giorno di diario e mi viene spontaneo pensare che ancora una volta siamo qua, per il sesto anno consecutivo. Io e voi, diabetici e non, per una nuova grande avventura, ma quest'anno con qualcosa in più rispetto al messaggio del "Diabetes no limits", un'altra grandissima priorità e cioè quella di divulgare e dare ancora più voce alle realtà delle missioni, in particolar modo alle Missionarie dell'Immacolata Padre Kolbe e a tutte le persone coinvolte nella costruzione della *Città della Speranza* di Riacho Grande di San Paolo in Brasile (una delle sei missioni AIPK attive in America Latina). Il progetto "Una bici mille speranze" è un inno alla vita e alla speranza per ciascuno di noi.

30 novembre 2009
Arrivo a La Paz

Ad accogliermi oggi al mio arrivo all'aeroporto c'erano l'ambasciatore boliviano e le Missionarie Ignacia e Alejandra con cui ho passato il resto della giornata. Ero un po' preoccupato per i bagagli (circa 29 kg in totale) ma fortunatamente è arrivato tutto, del resto sono insulino-dipendente e per me certe cose sono vitali. Dopodiché ho ritirato e aperto il pacco contenente la bicicletta, l'ho montata e preparata, e subito mi sono messo in sella. Dall'aeroporto El Alto a La Paz ho percorso 15 km di discesa (da 4.100 a 3.600 metri s.l.m.) per arrivare all'albergo dove riposo questa notte, mentre domani dovrò ripercorrerli in senso inverso. Sapete che per i giorni che sarò in Bolivia avrò un angelo custode terreno? Ma ve lo spiegherò meglio. Il fuso orario è meno cinque dall'Italia.

1 dicembre 2009
La Paz-Patacamaya

Oggi ho percorso il tratto La Paz-Patacamaya pari a km 110. Partito da 3.600 metri di altitudine, sono arrivato presto

La bici è pronta, io pure: il mio viaggio comincia da La Paz.

Un negozio di pneumatici sulla strada che porta a Patacamaya.

fino a 4.100 dopo un percorso con continui dislivelli. L'altitudine non mi ha dato problemi, ma sono comunque molto affaticato. Ho forato al 23° km e a malincuore ho dovuto mettere il copertone da 32: questo mi ha rallentato l'andatura. Ho preso anche un po' di pioggia, con grandine. Come scrivevo ieri, ho con me il mio angelo custode terreno, trovato e voluto dalle Missionarie. Si chiama José, e mi seguirà su una jeep. Non mi entusiasma l'idea di avere qualcuno che viaggia con me. Io preferisco viaggiare in solitaria, capisco che possa sembrare una scelta egoistica, però più sto solo più interiorizzo le esperienze, e dopo sto meglio in compagnia. Stare solo mi permette di conoscermi meglio e di affidarmi a Dio in maniera totale. Ma non posso fare a meno della Provvidenza, e per Provvidenza intendo la volontà che le Missionarie hanno di farmi accompagnare in questo tratto della Bolivia che è molto pericoloso.

Stamani ho salutato le Missionarie Ignacia e Alejandra e le ho ringraziate per la splendida accoglienza; ci siamo dati appuntamento a Cochabamba. Devo dire che il primo impatto con i boliviani è stato un susseguirsi di holà, holà, holà... Vivono in una estrema povertà. Passerò la notte in un alloggio di fortuna, ma credo che mi ci dovrò abituare... Un posto senza chiave, con un letto sfondato e il bagno fuori: inizialmente il proprietario non me lo voleva dare perché davvero non era un alloggio, e pensando che avrei rifiutato mi aveva detto subito che non c'era possibilità che mi fermassi lì. Ma io ho insistito e gli ho chiesto di farmelo vedere: il letto c'era, quindi ho detto "ok, bueno esto letto, esto aquì". Lui, sorpreso, mi ha quindi permesso di rimanere. Per me è andato bene. Sono in Bolivia solo da due giorni, e ho già visto che il pane si trova poco, in compenso ho trovato gli spaghetti!

2 dicembre 2009

Patacamaya-Caracollo

Questa mattina sono partito presto, alle 6:30. Ho avvisato il mio angelo custode ieri sera dicendo che non era necessario che mi seguisse, e che poteva anche raggiungermi più tardi, ma lui è stato fedelissimo, e alla partenza era lì pronto a scortarmi.

Oggi ho percorso 92 km. Faccio fatica: sono sempre sopra i 3.700 metri e domani addirittura salgo fino a Confital, a 4.330 metri. L'altura non mi aveva mai dato problemi, invece oggi è stata davvero dura: poco prima dell'arrivo in un'ora la temperatura è passata da 31 °C a 12 °C. Mi sono alleggerito di un po' di peso consegnando a José circa 6 kg di bagagli. Sono arrivato in stanza che tremavo: ho trovato un altro alloggio di fortuna, senza chiave. Sto male, ho preso una tachipirina e altri farmaci. Anche stasera dormo in un letto sfondato. Mi stendo sperando che il riposo mi faccia stare meglio domattina.

3 dicembre 2009

Caracollo

Oggi non sono partito. Ieri notte ho avuto diarrea, febbre e palpitazioni. Quando stai male il cervello pensa a tante cose. Ho avuto un po' di paura, paura di aver coinvolto tanta gente e di stare male, paura di non farcela, paura che ogni tanto mi prende. Ma il rischio c'è… Ho intensificato la mia preghiera cercando le forze dentro di me per tranquillizzarmi, e così è stato. Ora sto un po' meglio. Domani penso di partire, o almeno spero… Qua siamo veramente in un altro mondo: si percepisce una grande povertà, le persone vivono in stalle o in baracche, molti bambini giocano ai bordi della strada e sembrano quasi abbandonati; vedendo poi l'ospedale speri in cuor tuo di non averne mai bisogno… *Hasta pronto*!

4 dicembre 2009

Caracollo-Cochabamba

Ho avuto una sorpresa appena sveglio: non trovavo un pezzo del satellitare e ho pensato che me lo avessero rubato, protestando con la proprietaria della stanza! In realtà dopo un po' l'ho ritrovato e ho cercato di scusarmi: "perdòn, perdòn". Lei mi ha guardato e mi ha detto: "no problem, vai con Dios". In questi due giorni a Caracollo la stanza dove ho dormito non si chiudeva a chiave, e ogni tanto qualcuno apriva la porta… Ho avuto torto a pensare male, ma in fondo qualche sospetto poteva anche essere giustificato.

Ho deciso di partire: dopo essere stato poco bene nei giorni scorsi, ho pensato di alleggerirmi consegnando tutto il carico a José e visto che la strada non era malmessa sono tornato ai copertoni da 23. Alla fine ho fatto bene. Ho fatto 213 km senza problemi. Non avrei mai pensato oggi di arrivare già alla prima

Il Passo de La Cumbre è il punto più alto del mio itinerario.

missione di Padre Kolbe. All'arrivo sono stato accolto dalle Missionarie. Domani scriverò di più perché c'è dell'altro. Ora devo riposare. Prima missione centrata! Che giornata fantastica!

5 e 6 dicembre 2009
Cochabamba

Voglio raccontare meglio la fantastica giornata di ieri. Come ho detto, ero leggero, senza bagagli, dati a José (raccomandandogli di starmi sempre vicino, a non più di 100 metri). Avevo paura di non farcela per essere stato poco bene nei giorni scorsi, e quando stai male, quante cose ti passano per la testa! Ma incredibilmente non ho avuto alcun problema, e sono arrivato a Cochabamba tra saliscendi mozzafiato e panorami spettacolari. Aquile e lama sono stati i miei compagni di viaggio. Nel punto più alto, La Cumbre, a 4.496 metri, ero davvero in cielo! Che emozione, e quante foto e filmati ho fatto! In questo tratto se avessi voluto fermarmi a dormire non credo che sarei riuscito a trovare un *alojamiento* adatto, quindi con tutto il carico avrei dovuto pernottare non so dove...

Vicino a Cochabamba, nel traffico, ho perso José. Mi sono preoccupato: aveva tutti i miei bagagli (è stata una eccezione: da lunedì li riprenderò io come sempre così lui sarà più libero e io mi sentirò più sicuro di avere tutto con me), era notte, e per più di un'ora ho girato a vuoto senza riuscire a trovarlo, poi con l'aiuto delle Missionarie abbiamo risolto. Quando mi hanno chiamato stavo cercando un pernottamento. L'accoglienza delle Missionarie, dove ho mangiato una buona *comida*, ha coronato una giornata fantastica. *Estoy feliz*!

Oggi e domani resto dalle Missionarie, un giorno di permanenza come da programma per conoscerci e per condividere le nostre esperienze; domenica sono costretto a stare fermo perché ci sono le elezioni politiche ed è assolutamente vietato viaggiare: si può girare solo a piedi o con un permesso speciale rilasciato dal governo.

Ho il tempo di fare un paio di riflessioni. È incredibile come un giorno di riposo possa farti bene: nel profondo, se lo posso dire, ti rendi conto che la grazia di Dio non ti lascia mai solo. Grazie a Gesù e Maria. Sarò forse opportunista, ma nella sofferenza e nella difficoltà riesco a pregare più intensamente e ad affidarmi di più a Lui.

Nell'alimentazione cercherò il più possibile di comperare roba confezionata e per quanto riguarda il diabete sono soddisfatto delle glicemie: nei giorni in cui sono stato poco bene, per gestirlo al meglio ho fatto più di 15 misurazioni al giorno. L'altitudine ora che sono a Cochabamba (2.600 m) ha le sue difficoltà. Sapevo che avrei pagato qualcosa, però non sapevo esattamente cosa e soprattutto non sapevo come il mio fisico avrebbe reagito e in quali tempi. Prima del viaggio pensavo di dover fare un giorno di riposo all'arrivo a La Paz per abituarmi all'altitudine, poi invece ho deciso di partire subito e di affrontare l'eventuale problema al momento. Infatti nel giorno di riposo forzato a Caracollo, dopo un po' che ero in piedi, sentivo la necessità di stare seduto ed ero combattuto interiormente da una voce che mi diceva che stavo meglio e che quindi ero pronto a risalire in sella, mentre un'altra voce invece mi sussurrava che era meglio aspettare. Ecco perché ieri all'arrivo a Cochabamba ho scritto che è stata una giornata fantastica: ho affrontato i primi 30 km con l'incertezza di dover ritornare a Caracollo per impossibilità fisiche e invece ho riscontrato pedalata dopo pedalata che i dubbi si stavano trasformando gradualmente nella convinzione di potercela fare. "E vai!" mi sono detto. Per quanto riguarda la Bolivia, confermo le prime impressioni di una popolazione in estrema povertà, ma molto tranquilla nella quotidianità.

L'altissima statua del Cristo della Concordia a Cochabamba.

7 dicembre 2009

Cochabamba-Villa Tunari

Prima di raccontare la giornata di oggi mi sembra doveroso ringraziare le Missionarie di Cochabamba per la splendida accoglienza e la vita di comunità condivisa nei due giorni passati insieme, durante i quali mi hanno illustrato tutti i loro impegni di evangelizzazione, condividendo con me le loro esperienze di vita. Conversazioni mai banali, con la preghiera e la fede in Gesù Cristo e Maria al centro di tutto. Ma anche tante grandi e piccole esperienze di vita quotidiana di cui sorridere, come ci è successo sabato sera: era il compleanno della Missionaria Mariela Patricia e siamo andati a mangiare una pizza. Abbiamo chiamato un taxi, aveva quattro posti, noi eravamo in sette e così io e una Missionaria siamo andati nel bagagliaio! E non

La strada dentro la foresta del Chapare, l'Amazzonia boliviana.

posso non ricordare la statua del Cristo della Concordia che guarda dall'alto tutta Cochabamba: una statua perfino più alta di quella di Rio de Janeiro!

Ed eccomi al racconto di oggi 7 dicembre: una giornata entusiasmante. Sono ripartito con il carico dei bagagli; fino a Corani strada in salita poi saliscendi, poi di nuovo salita fino a quota 3.600 metri, dopo 159 km. Sono entrato nella foresta del Chapare, l'Amazzonia boliviana. Che spettacolo di natura! Bananeti, ruscelli, canti di uccelli, casette nella giungla... La strada però era pessima, molto fangosa, e ho preso anche la pioggia. Più volte sono sceso dalla bici per fare qualche tratto a piedi con le scarpe da ginnastica perché in discesa i freni con il fango e la pioggia non frenavano... Ora sono a Villa Tunari in mezzo alla natura. Mi sembra di essere dentro un film. Buonanotte!

8 dicembre 2009

Villa Tunari-Río Ichilo-Yapacani

Sono a 75 km dalla seconda missione. Sono passato in pochi chilometri dalla pace della foresta alla confusione di questo paesino, con tanto traffico per strada, mercati e mercatini alla sera e ristoranti-churrascarie in mezzo alla strada. Oggi al 65° km José ha terminato il suo lavoro, prezioso specialmente nel tratto Caracollo-Cochabamba, e mi ha lasciato proseguire da solo. Grazie José. Al 150° km ho poi trovato non uno ma ben due nuovi angeli custodi, di nome Pedro e Fernando. All'inizio faccio sempre un po' fatica ad accettare questa sorveglianza. Anzi dopo 90 km mi stavo già riabituando con piacere a viaggiare in solitaria! In questo tratto mi è successa una cosa che mi ha spaventato e fatto pensare. Su questa strada stavano facendo dei lavori e sull'asfalto c'erano dei triangoli di acciaio, tipo i nostri coni (di plastica) che delimitano i cantieri. Un camion passando ne ha preso uno che è schizzato verso di me centrando in pieno le borse da-

Nonostante il letto sfondato sono riuscito a dormire.

vanti. Un pochino più verso di me e mi avrebbe colpito la gamba tagliandomela. Quando si è in giro tutti i giorni è davvero una fortuna arrivare sani e salvi a sera!

Tornando agli angeli custodi, loro saranno importanti per il tratto Santa Cruz-Puerto Suarez, circa 750 km di strada pessima. È la stagione delle piogge, quando anche i mezzi di trasporto annullano i collegamenti con la frontiera, e quindi troverò molto fango e temperature torride.

Stasera, dopo una tappa di 186 km in totale, ho mangiato veramente bene. Una grigliata di carne squisita, preparata da un amico di Fernando. Il letto invece… lasciamo perdere. Appena mi ci sono sdraiato è crollato! Ho dormito sul pavimento, e meno male che ho il materassino. Non avrei mai pensato di dormire così bene per terra. Dai, non si dorme tanto male con il materassino. E domani raggiungerò la seconda Missione. *Bueno*!

9 dicembre 2009

Yapacani-Montero

Questa mattina sono partito presto perché avevo il desiderio di arrivare prima possibile a Montero, alla seconda comunità delle Missionarie dell'Immacolata, e infatti alle 11:30 ero già qui, dopo 81 km facili. Ho avuto una bellissima accoglienza da parte di tutti, del console italiano Dante Pucci, delle tv locali, delle Missionarie e di molti *niños*. Dopo essermi sistemato in camera, ho pranzato insieme alla comunità e ho conosciuto tante Missionarie, molte delle quali sono giovani e originarie di Montero. Una bella sorpresa. In questo centro all'inizio erano presenti soltanto due Missionarie: il seme gettato nel 1988 ha portato molti frutti.

Scrivo di getto a metà giornata perché desidero riportare subito la gioia del mio arrivo qui. *Estoy muy feliz*. Domani sera farò il resoconto di questo giorno e mezzo vissuto in comunità.

Alla Missione di Montero ho avuto proprio una bella accoglienza.

10 dicembre 2009

Montero

Hola Italia! Estoy contento de compartir con la comunidad misioneras de Montero esto tiempo. Los spagnolos es mias secondas linguas!

Come scrivevo ieri, anche qui ho condiviso la vita quotidiana con le Missionarie e, credetemi, un conto è la teoria, ma praticamente la realtà toccata con mano è tutta un'altra cosa. Come un compito in classe può risultare facile se uno ha studiato la teoria, la vera prova è poi quella di mettere in pratica gli studi, come la "missione" delle Missionarie nell'educare: a volte tanto lavoro sembra inutile, ma basta anche una sola persona educata, formata e convertita all'amore di Gesù Cristo per giustificarne il tutto. Consiglio vivamente a credenti, non credenti, laici, a tutti, una esperienza di volontariato e conoscenza. Ho visitato il centro medico e sociale, sono andato alla messa che qua è molto festosa e partecipata. Questo però non significa che non ci siano problemi, e molta gente vive in estrema povertà materiale e spirituale. D'altronde evangelizzare, educare al bene del prossimo è la prima "mission" delle Missionarie.

Sono stato a Tierra Nuevas, un *barrio* dove tante persone lavorano molte ore al giorno per fabbricare i mattoni. Con le Missionarie abbiamo detto il rosario insieme a un gruppo di persone tra cui c'erano anche numerosi bambini. I bambini sono fenomenali: pensate che recitando l'Ave Maria in spagnolo sbagliavo sempre la pronuncia di una parola e questo bambino vicino a me mi correggeva in continuazione. Io sbagliavo e lui mi correggeva sbuffando, quasi a dirmi "Ehi, ma sbagli sempre!". È stato divertente!

Ora sto aspettando di partire per una ciclopedalata con *los niños* in questi quartieri del paese, per concludere con una gimcana e fare festa insieme. Domani mattina partirò presto per due motivi: anzitutto voglio evitare il sole. Io faccio chilometri a zero gradi più volentieri che con il caldo, soffro il sole da sempre, e quando ho progettato questo viaggio la mia preoccupazione maggiore era il sole, più della pericolosità dei posti o delle strade. Sapevo che avrei trovato temperature intorno ai 40 °C. Infatti nel mio allenamento ho concentrato molte pedalate anche in luglio-agosto sotto il sole, per prepararmi fisicamente e psicologicamente alle temperature del Sud America. Pensando al caldo tropicale che avrei trovato qui, l'estate scorsa ho sofferto molto meno, convincendomi che il caldo estivo era una "bischerata" in confronto a quello che avrei trovato. Mi sono allenato nelle condizioni più difficili, uscendo nelle ore centrali della giornata e bevendo acqua calda. Vi posso assicurare che il sapore dell'acqua calda è disgustoso, ma per idratarsi è ottima!

I ragazzi boliviani vivono in una estrema povertà.

Eccomi insieme a un gruppo di bambini di Tierra Nuevas.

Il secondo motivo per cui voglio partire presto domattina è per passare dal Santuario della Virgen de Cotoca, che è la patrona della città di Santa Cruz. Poi arriverò, salvo imprevisti, a Puerto Pailon, dove avranno inizio 650 km di strada sconnessa con il mio prossimo incubo: il sole!

11 dicembre 2009

Montero-Santa Cruz-Cotoca-El Pailon

Stamani sono partito presto da Montero per incontrarmi con le Missionarie al Santuario della Madonna Virgen de Cotoca, patrona di Santa Cruz, dove poi ci siamo salutati. Tante cose vorrei dire, una su tutte: l'incontro del tutto casuale con due Padri missionari italiani, da molti anni in Bolivia, presso il Santuario di Cotoca. È sorprendente vedere quante persone nel mondo si prodigano (nel silenzio più assoluto) per il bene degli altri. Un grande grazie di cuore è il minimo!

La pedalata di oggi (109 km) è stata tranquilla, senza niente di particolare da raccontare: la strada disconnessa dovrebbe iniziare domani. Chi dice una cosa chi ne dice un'altra... mah. Staremo a vedere. Sono molto curioso di sapere cosa mi attende.

12 dicembre 2009

El Pailon-Pozo del Tigre

La strada tanto temuta è arrivata. Mi sono svegliato stamattina alle 6 in punto, ho guardato fuori: pioveva, ma io volevo partire. Durante la notte mi ero svegliato con un presentimento: mi ero detto "Cosa aspetti a mettere i copertoni da 32? Cambia e vai!".

La strada è chiusa per il fango... vado comunque avanti...

La bici è irriconoscibile e anch'io rimarrò impantanato.

Ho aspettato un'oretta e alle 7:30 sono andato a svegliare i miei angeli custodi, che si erano rimessi a dormire, dicendo loro che partivo. Ha piovuto tutto il giorno, ma la pioggia non è un problema viste le alte temperature. Dopo 30 km la strada è sconnessa, camion e automobili iniziano a fermarsi, mentre io vado avanti. Poi comincia la strada sterrata e il fango crea parecchi problemi agli altri veicoli. Cominciano a vedersi i primi cartelli con scritto "ruta cerrada" (strada chiusa). A questo punto Pedro e Fernando sono costretti a fermarsi. In realtà sono stato contento che loro non siano riusciti a proseguire, mentre io potevo andare avanti... che bello! Mi sono sentito libero.

Purtroppo però anch'io dopo una trentina di chilometri sono impantanato, e non riesco più a proseguire. Mi soccorre un veterinario con la jeep. Nel tragitto vedo un autobus, un'auto e due camion impantanati. Dopo 10 km sulla jeep arrivo a Pozo del Tigre, un paesino di due anime, dove riesco a trovare un pernottamento in una stalla dopo aver chiesto a varie persone di un *alojamiento*. La bici era irriconoscibile così coperta di fango, ma sono riuscito a lavarla. Alla fine ho percorso 72 km. Mentre scrivo ho davanti a me maiali, cavalli e galline. Dicono che domani non pioverà e la strada resterà disconnessa, ma migliore di oggi... Speriamo bene! L'avventura continua, e questo è importante.

In serata collegamento telefonico con un evento organizzato per l'occasione dall'AIPK a Roma. È stato bello sentire l'Italia anche se ho percepito nettamente la difficoltà, per chi era a migliaia di km di distanza, di capire le mie sensazioni, le mie emozioni riguardanti la giornata di oggi.

13 dicembre 2009

Pozo del Tigre-Estanzia Quimone

Che strada orribile! Mai fatti tanti km su una strada così: oggi per percorrere 107 km ho impiegato 13 ore! La bici è ok, ma per quanto? C'è tanto sole, la temperatura tocca i 38 °C, per lavarmi c'è l'acqua nei bidoni, e il bagno non c'è. Non so perché, ma dopo una certa ora tolgono la luce: ora sto scrivendo con una torcia sopra la testa. Ma tutto va bene. Mi trovo in un posto isolato nella foresta, bello, anzi direi affascinante. Al calar della sera si sente il ronzio delle cicale e i versi di altri animali, che hanno un che di spettrale. Ho acqua con me, ma ho sempre paura di non averne abbastanza, e d'altra parte non voglio caricarmi troppo. Ma la paura c'è e in fondo ci deve essere, perché questa paura è quella che ti fa stare sempre all'erta, ti fa prendere la decisione al momento più giusta, perché quando sei solo sai che tutto dipende da te. Quando invece si è con gli altri è diverso: hai il paracadute!

Sono in una stalla a pagamento dove non c'è acqua, ho fatto scorta della "Mendocina", la Coca Cola boliviana, per la sera, la notte, la colazione e la pedalata! In queste zone le comunicazioni non sono per niente facili... Appena mi sarà possibile scriverò di più!

14 dicembre 2009

Estanzia Quimone-Chocis

Ieri sera, tardi, in cortile improvvisamente hanno cominciato a cantare e ballare in maniera molto festosa fino a stamattina, ma comunque, essendo molto stanco, non mi ha dato particolare fastidio. Stamani al mio risveglio c'erano dappertutto bottiglie di birra vuote nel cortile e un uomo ancora mezzo addormentato appoggiato alla porta della mia stalla!

Sono partito ancora stanco per la fatica di ieri: oggi la strada era migliore, ma ho rischiato di rimanere senza acqua. Infatti, dopo la pioggia di ieri l'altro, l'arsura! Ed è incredibile, ma non si trova l'acqua... La stanchezza oggi si è fatta sentire ancora di più. Poco prima di Chocis ho ritrovato i miei angeli custodi, i *compañeros* che avevo "perso" due giorni fa. Gli ho domandato perché fossero tornati, visto che oramai mancavano solo due giorni prima di lasciare la Bolivia. Loro mi hanno risposto che le Missionarie erano preoccupate tanto da comandare: "Pedro, Fernando: via, via subito: andate e trovate Mauro!". Le preoccupazioni delle Missionarie erano dovute anche al fatto che giorni fa nella zona della foresta del Chapare erano successe cose allucinanti, come persone crocifisse ad alberi per questioni legate alla droga...

Dopo 80, 90 o 100 km, non so di preciso, ho visto un baracchino che vendeva bibite (non aveva acqua, accidenti): mi sono fermato, ho subito cercato una sedia e mi sono seduto, all'ombra. Meno male, ero davvero sfinito. È stato uno di quei momenti difficili dove però si capisce l'importanza dell'essenziale. Nella comodità della vita quotidiana le fatiche non si percepiscono come quando realmente si vivono. Sono stato costantemente in ipoglicemia: per l'intero giorno non ho fatto insulina, è il terzo giorno che non mangio un pasto decente, sempre cose confezionate, ricche di zucchero, che mi danno energia per 10 minuti e poi svanisce tutto…

Chocis ha due facce: l'alloggio è buono, ma lasciamo perdere la *comida*. Per trovare un ristorante domandi, domandi, ti indicano una baracca/casa, bussi, ti danno un piatto in 10 minuti e mangi… per modo di dire. Che giornata difficilissima, ho fatto 150 km e sono cotto! La crema che protegge dal sole è stata fondamentale. Comunque anche in questa zona non c'è segnale. Qui altro che Patagonia! Sto facendo esperienza in anticipo di quello che credo troverò là.

ORA	GLICEMIA	INSULINA
5:00	112 mg/dl	–
6:54	51	–
10:24	57	–
11:53	236	–
13:00	106	–
14:00	70	–
15:47	75	–
17:44	63	–
19:00	103	/14 unità rilascio lento 24 ore
23:30	132	–

Credo sia importante riportare le tabelle più significative che ho annotato durante tutto il viaggio (chiaramente nel diario personale di ogni viaggio registro sempre tutti i valori, giorno per giorno). Nella vita quotidiana seguo la seguente terapia: circa 4-6 iniezioni al giorno (e sottolineo la parola "circa" perché non c'è una regola fissa). Uso due tipi di insulina: la rapida, che ha effetto nel sangue dopo 10 minuti e finisce il suo effetto dopo circa 4 ore, che indico in questo modo: rapida 4 unità. Poi c'è l'insulina a rilascio lento che finisce il suo effetto dopo circa 20-24 ore, che indico così: /14 unità rilascio lento 24 ore.

Di solito, a colazione faccio: rapida 3-4 unità. A pranzo: rapida 6-7 unità; rilascio lento 10 unità. A cena: rapida 6-7 unità; rilascio lento 20 unità.

Non ho fatto insulina stamani alle 11:53 quando avevo un valore di glicemia di 236 mg/dl perché ero in piena attività, e lo sport brucia gli zuccheri nel sangue. E la sera ho fatto solo insulina lenta perché, vista la giornata difficilissima trascorsa, non potevo permettermi altre ipoglicemie.

15 dicembre 2009

Chocis-Roboré-El Carmen

La strada è migliorata e sono tornato ai copertoni da 23. Oggi dopo circa 50 km mi sono dovuto fermare a Roboré a cercare un ristorante: ero affaticato e avevo bisogno di un pasto decente dopo tre giorni di cibo preconfezionato. Fortunatamente l'ho trovato, mi è sembrato quasi un miraggio, e ho potuto mangiare con un certo relax.

Oggi ho poi rotto il primo razzino della ruota, a causa del carico e della strada brutta dei giorni passati. Qua le temperature superano i 40 gradi. Ho fatto 188 km, sono arrivato che era già buio e devo ringraziare i *compañeros*, senza di loro mi sarei fermato prima, non so dove. Abbiamo cenato in baracca, ma stavolta non male.

Durante una sosta in un punto ristoro a gestione familiare ho avuto un incontro con l'attrazione principale del posto: un simpatico pappagallo di nome Lolita.

La strada è buona e domani conto di oltrepassare il confine e arrivare in Brasile visto che sono a 90 km da Corumbá.

ORA	GLICEMIA	INSULINA
1:00	185 mg/dl	–
6:00	140	–
7:30	117	–
10:00	74	–
11:00	154	–
12:00	112	–
12:30	75	–
13:00	111	–
14:30	114	–
16:00	171	–
16:30	268	rapida 3 unità
21:00	117	rapida 6 unità /14 unità rilascio lento 24 ore
22:30	191	–
23:30	181	–

16 dicembre 2009

El Carmen-Puerto Suarez-Corumbá (Brasile)

Anche oggi è stata una giornata difficile, dopo 117 km sono molto stanco ma finalmente eccomi in Brasile! Per come l'ho vissuta io, la Bolivia vive in un'estrema povertà soprattutto fuori dalle città principali come La Paz, Cochabamba, Montero e Santa Cruz. Qui la miseria è indescrivibile, tanto che mi sentivo quasi in colpa a scattare delle semplici foto. Pensate che in 15 giorni ho quasi sempre dormito con il materassino gonfiabile perché i letti sono tutti sfondati… E in quanto al cibo (riso e pollo è il loro piatto principale, quando disponibile…) penso di essere dimagrito di 3 o 4 kg! *Adiós* Bolivia, certo mi rimarrai nel cuore! Mi riprometto di scrivere di più durante il giorno di riposo, quando sarò alla terza missione a Campo Grande, tra qualche giorno.

Oggi, appena passata la frontiera mi hanno accolto Padre Sebastiano Quaglio (dei Frati Minori Conventuali) e i Padri Julio, Fernando e Toninho, insieme alla Missionaria Brunella. Sono stato ospitato dal sindaco in un hotel, e dopo giorni passati in alloggi di fortuna ci voleva proprio! Mi hanno illustrato l'itinerario di domani nella zona del Pantanal, dandomi due possibili scelte: un percorso più selvaggio, con il rischio di incontrare coccodrilli, serpenti ecc., un altro più tranquillo e sicuro. Ho scelto subito quello selvaggio, naturalmente! 150 km di strade difficili che scelgo di fare visto che loro decidono di seguirmi, e in effetti sono strade che se non si conoscono è meglio non affrontare. E quindi ancora un pit stop, e cambio nuovamente i copertoni dal 23 al 32.

La pedalata? Con questo caldo torrido ogni giorno è una sofferenza, ma ogni giorno ha la sua gioia. Viva la vita! Per raccontare l'intensità di questi giorni dovrei scrivere un poema, ma il tempo è poco… Intanto è cambiato il fuso orario: dall'Italia meno quattro.

17 dicembre 2009

Corumbá-Paso de Lontra

Giornata fantastica. Ho visto coccodrilli a un metro da me (saranno stati un migliaio e oltre, nemmeno Padre Sebastiano ne aveva visti così tanti), e poi lontre, castori giganti, cervi ecc. Purtroppo niente tigri, ma non è difficile incontrarle qua. Due sere prima del mio passaggio un cuoco del Pantanal è stato sbranato da una tigre… Be', meno male che non ne ho incontrate…

La giornata è stata mitica! E mi stavo dimenticando di dire che Padre Sebastiano è venuto fino a Corumbá da San Paolo, facendo più di mille chilometri. Per me! È davvero una persona speciale, un padre spirituale ma anche molto terreno, e mi ha fatto sentire a mio agio fin dal primo incontro. Un grazie speciale a lui, ai Missionari e alle Missionarie che mi hanno ac-

Sto per entrare rella selvaggia zona del Pantanal...

...dove i coccodr lli vivono a migliaia!

compagnato. A Paso de Lontra siamo arrivati di notte. 127 km di strada bruttissima, in alcuni punti sabbiosa al punto da far fatica a mantenere l'equilibrio. All'arrivo ero bianco, ma ne è valsa la pena. Tappa mitica.

Per quanto riguarda la glicemia, stamattina era a 87 mg/dl e nel giro di poche ore è andata a 400 mg/dl: questi sbalzi in fondo fanno parte della sua natura, continuando a cambiare tutti i giorni i comportamenti di vita è normale che il diabete sia un po' matto, ma fortunatamente con l'esperienza e conoscendo bene il mio fisico, so come gestirlo.

18 dicembre 2009

Paso de Lontra-Miranda

Adiós Pantanal. Prima di imboccare la strada asfaltata ho forato. Penso di non essere mai stato così veloce a cambiare copertone e camera d'aria. Perché? Perché sono stato assalito dalle zanzare! Mi ricordo che è passato un camion e il guidatore mi guardava divertito perché cercavo di non rimanere fermo sul posto ma facevo avanti e indietro sulla strada per non essere punto dalle zanzare mentre nel frattempo toglievo il copertone, sostituivo la camera d'aria e rimontavo la ruota. Nonostante i miei sforzi, in quei pochi minuti le zanzare mi hanno fatto festa, e adesso ho le gambe gonfie, piene di morsi.

Siamo arrivati a Miranda nel pomeriggio, dopo una tappa di 111 km, con Padre Sebastiano e gli altri ci siamo salutati dandoci appuntamento a San Paolo, mentre con Brunella, la Missionaria, ci rivedremo a Campo Grande. Sono stati due giorni intensi. Alcune volte mi domando: "Sto sognando o è realtà?". In questi viaggi Maria e Gesù li sento vicini, molto vicini. È merito loro tutto ciò che accade. Cercateli con la preghiera, non vi stancate, nemmeno nella vita di tutti i giorni.

Adesso sono le 17:00, ho pulito la bicicletta e siccome sono stanco ora mi riposo. Domani parto prestissimo, sarò in compagnia di due nuovi angeli custodi, e voglio arrivare a Campo Grande, sono 200 e passa chilometri... ci provo!

19 dicembre 2009

Miranda-Anastacio-Campo Grande

Terza missione, eccomi, olé! Domani riposerò, come da programma. Oggi sono partito alle 5:30, per evitare un po' di sole, poi sono stato anche fortunato, perché a metà percorso è iniziato a piovere e l'aria è cambiata, la temperatura si è abbassata in maniera accettabile. Non so sinceramente se sarei riuscito a coprire tutti questi 217 km con il caldo torrido di questa stagione, ma dove non arriviamo noi, c'è la Provvidenza che ci viene in soccorso... E oggi la Provvidenza mi ha aiutato.

All'entrata in città c'erano dei ciclisti ad attendermi insieme ai Missionari e alle Missionarie. È stata anche l'occasione per portare a revisionare e rimettere in sesto la bici, che ne aveva proprio bisogno, dopo la rottura del secondo razzino di oggi. Quante gentilezze sto ricevendo: accoglienza, sostegno, partecipazione, vitto, alloggio e, molto importante quando passo delle giornate in comunità, condivisione e scambio di esperienze. Qui la radio è un ottimo strumento di evangelizzazione, tant'è vero che ci sono programmi trasmessi dalle Missionarie e dai Missionari che vengono ascoltati in tutto il Brasile.

Ricevo numerosissimi SMS dall'Italia: purtroppo non posso rispondere a tutti, ma sono per me una carica in più. Vorrei anche scrivere di più, ma stasera la stanchezza mi sta piano piano dominando, gli occhi si stanno chiudendo. Sono felice al pensiero che domani potrò fermarmi un po' a condividere le mie esperienze sportive con quelle spirituali dei Missionari: non vedo l'ora.

20 dicembre 2009

Campo Grande

Oggi è stata una giornata di condivisione che mi ha arricchito sotto ogni punto di vista. Ho fatto varie interviste alla radio e alla televisione; sono stato in collegamento telefonico con l'Italia con il Cenacolo Mariano a Borgonuovo dove ogni anno organizzano prima di Natale una festa denominata "festa sotto l'albero"; ho pranzato a casa di laici fuori Campo Grande. Ma la cosa più bella non si può né fotografare né filmare e forse neanche raccontare.

È l'amore che le Missionarie Brunella e Marlete e i Missionari Fabio, Welison, Hugo Maria e Cristiano donano alla popolazione allo scopo di essere testimoni di Gesù Cristo nell'evangelizzare, nell'accoglienza del prossimo. Tutto senza "apparire"! Mentre la società di oggi ci insegna che fa più rumore un albero che cade che una foresta che cresce, essere mis-

Sono stato benissimo con i Missionari e le Missionarie di Campo Grande.

sionari è un esempio vivo, reale, vero di foresta che cresce. Non smetterò mai di ringraziarli per quello che mi stanno trasmettendo.

Domani si riparte… obiettivo San Paolo.

21 dicembre 2009

Campo Grande-Ribas do Rio Pardo-Agua Clara

Sono ripartito dopo i saluti e i ringraziamenti alla Comunità. È stata una giornata con il sole nella prima parte poi molta pioggia, pedalata tranquilla, e tutto è andato bene a parte una foratura, ma questi sono gli imprevisti del mestiere. Che bello pedalare con la pioggia, con queste temperature, in un continuo saliscendi, con vento quasi assente! Oggi ho fatto 195 km. E tutto va.

Sole, pioggia, sole, pioggia… Il tempo è anomalo in questa stagione.

22 dicembre 2009

Agua Clara-Tres Lagoas-Andradina

Giornata all'inizio monotona, con tanto sole e i soliti saliscendi... da mandarmi un po' in crisi. Poi al 100° km c'è stato un cambio di staffetta tra gli angeli custodi: da Kleber e Fernando alle Missionarie Maria, Jeanne e Angela, venute apposta ad accogliermi da San Paolo. Come per Padre Sebastiano, che è venuto da San Paolo fino a Corumbá (1.500 km), anche nel caso di Maria e le altre percepisco che fanno tutto questo con molta gioia.

Il cambio del tempo, con temperature più sopportabili e senza pioggia, mi ha aiutato ad arrivare a fare 50 km in più (181 in tutto, oggi), per arrivare fino ad Andradina, nello Stato di San Paolo, dove ancora una volta cambia l'orario, aumentando di un'ora (dopo il cambiamento di ora anche di Corumbá, siamo a meno tre ore rispetto all'Italia). È stato molto emozionante attraversare il fiume Paranà che divide lo Stato del Mato Grosso del Sud dallo Stato di San Paolo. È lo stesso fiume che poi incontrerò in Argentina, alle spettacolari cascate di Foz do Iguaçu.

23 dicembre 2009

Andradina-Araçatuba-Penápolis

La *Città della Speranza* si avvicina. Non vedo l'ora di arrivare. Sono curioso di vedere a che punto sono i lavori, a che punto è il progetto. Sarò sicuramente più ricco dopo questa visita.

Sto facendo parecchia strada in questi giorni (165 km oggi) perché il giorno di Natale ho in programma di pedalare solo per mezza giornata. Oggi il mio diario lo scriverà Missionaria Maria, ma prima voglio sottolineare che qua in Brasile si mangia bene, anzi molto bene, e i pernottamenti sono confortevoli. Il clima è molto caldo, ma mi sto abituando... Inizio a sentire l'atmosfera del Natale e il pensiero va a casa, alla mia famiglia, ma il mio obiettivo è la *Città della Speranza*.

Ciao a tutti! Sono Maria, e sono molto felice di partecipare a questa straordinaria esperienza che ci vedrà "in cammino", letteralmente sulla strada, visti i chilometri che il nostro amico Mauro sta macinando tutti i giorni, proprio attorno a Natale! Sono tante le emozioni che passano nel mio cuore in questo momento e tante le immagini che a sera passano davanti ai miei occhi. Questa sera, per esempio, sto ricordando un simpatico incontro che abbiamo vissuto oggi. Avevamo lasciato per un poco Mauro perché dovevamo fare rifornimento di benzina nell'auto, e quando siamo ritornate sull'autostrada abbiamo visto Mauro fermo davanti a un posto di Polizia. "Ahimè! che cosa staranno dicendo i poliziotti a Mauro?" ci siamo chieste. Quando però siamo arrivate e siamo scese dall'auto, Mauro stava conversando amabilmente con i poliziotti, che gli stavano scattando delle foto... E neanche a farlo apposta, aveva appena fatto amicizia con un altro corridore brasiliano che anche lui era diabetico e stava andando da San Paolo a una città lontana quasi 800 chilometri! E ci sono stati tanti altri incontri.

Adesso è molto tardi e siamo un po' stanchi. Ma per favore, continuate a sostenere Mauro con il vostro amore, la vostra preghiera e la vostra importantissima amicizia. Un grande abbraccio da noi Missionarie e Missionari del Brasile.

24 dicembre 2009

Penápolis-Bauru-Lençóis Paulista

Un buon Natale di speranza! Ho iniziato la giornata pregando e cantando... Mi veniva da ridere tra me e me. E poi a volte mi giravo e vedevo Maria e Angela che, per avvisare gli automobilisti, sventolavano due bandiere arancioni. Era una scena simpatica.

In questi giorni ho un po' di mal di schiena, ma ho messo un rapporto agile e via. Se fossi stato a casa forse con questo mal di schiena non sarei uscito in bicicletta, ma è così: quando conosciamo i nostri limiti e abbiamo ben presente il nostro obiettivo, bisogna cercare di superarli, di non farsi prendere dalla pigrizia e dalle eccessive comodità. Gli ultimi 50 km, dei 201 totali di oggi, li ho fatti sotto una pioggia torrenziale e con il vento contro. Anche oggi lascio il resto del commento a Maria.

Siamo arrivati a sera dopo una giornata imprevedibile, dove ci si è messa anche la pioggia verso sera, una pioggia molto forte. Le macchine e i camion che passavano vicino a Mauro, l'acqua che veniva giù dal cielo, e quella che era spruzzata dalle macchine! Potete immaginare: noi riuscivamo solo a dire delle gran preghiere. Abbiamo detto tutto il rosario, le preghiere all'Angelo Custode… Insomma, alla fine siamo arrivati, stanchi ma felici. Il buonumore e la fiducia nel Signore ci hanno accompagnato durante tutto questo giorno, che è la vigilia di Natale. Un Natale proprio speciale. Una piccola considerazione: per arrivare a fare delle cose belle come quella che sta facendo Mauro, bisogna prepararsi giorno dopo giorno, con pazienza e costanza, due piccole grandi virtù che ci aiutano a vivere con intensità questa vita che il Signore ha messo tra le nostre mani perché diventi un dono per tutti. Buon Natale com carinho (con affetto) da noi Missionarie e Missionari del Brasile.

25 dicembre 2009

Lençóis Paulista-Botucatu

Sarà perché è Natale. Sarà perché avevo programmato una tappa corta di 80-100 km al massimo e invece sulla carta era lunga 120 km. Sarà perché ero stanco. Sarà perché stamattina i saliscendi mi sembravano alti come l'Everest… o forse erano proprio l'Everest? Sarà perché anche la bici si "lamentava" e ho dovuto cambiare un copertone. Sarà perché Padre Sebastiano veniva da San Paolo a celebrare la Santa messa, qui dove mi fermavo. Sarà perché ieri sera e stamattina ho mangiato panini con la mortadella. Sarà perché ero sempre in ipoglicemia. Sarà perché mi fa un po' male la schiena. Sarà perché avevo bisogno di sentire "l'aria di casa" e i vari contatti italiani. E poi... non so perché, ma oggi ho percorso soltanto 59 km! Ma so che è Natale!

Un po' per i saliscendi, un po' per il diabete basso, sono stanco e svuotato. Psicologicamente oggi ho "mollato" e appena ho trovato un albergo ho detto stop. Le Missionarie avrebbero voluto cercarne uno più conveniente e mi dicevano: "Andiamo a vedere un altro albergo più avanti", ma al pensiero di fare altri saliscendi ho proprio detto: "No, no, io mi fermo qui".

Voglio ringraziare Padre Sebastiano e tutti i nuovi amici del Brasile per tutto l'affetto che mi dimostrano. Un grazie grande grande grande! Lascio concludere alla Missionaria Maria che fa il cambio di staffetta come angelo custode terreno con Padre Clemilson.

Ciao a tutti. Continuiamo a sostenere Mauro in questa avventura e che il Natale di Gesù illumini la vita di tutti. Con molto affetto. Maria.

26 dicembre 2009
Botucatu-Boituva

Ci siamo: sono alle porte di San Paolo. Oggi pochi saliscendi e poco sole, 124 km così semplici da sembrare quasi irreali. In fondo da quando sono partito tutto sembra irreale: la fatica, la sofferenza, la gioia, la felicità, gli incontri, i saluti, ogni volto con la propria storia...

E domani un altro giorno... E che giorno: se tutto va bene, arriverò alla *Città della Speranza*. Come ho detto, e voglio ripetere, è la tappa più importante del viaggio, perché il tour "Una bici mille speranze" è nato proprio con lo scopo preciso di raccogliere fondi per la *Città della Speranza* e la sensibilizzazione dell'opera delle Missionarie dell'Immacolata Padre Kolbe, abbinata naturalmente all'iniziativa "Diabetes No Limits".

Oggi ho cambiato un altro razzino, e siamo al terzo.

27 dicembre 2009

Boituva-San Paolo-San Bernardo do Campo

Siamo arrivati, ragazzi! Partito alle 6:30 stamattina, alle 14:00 ero già a San Bernardo do Campo, dopo 143 km. Non vedevo l'ora di arrivare, anche se un diavoletto ha provato a met-

Che accoglienza nella Chiesa Santissima Virgem a San Paolo!

terci la coda: ho forato due volte, davanti e dietro! Appena ho intravisto i grattacieli di San Paolo, ho cominciato a sentire una grande emozione. Poco dopo ho visto il pullmino delle Missionarie... ero scortato così, sia davanti che dietro! Ho continuato a pedalare e sono arrivato a un posto di polizia stradale e con mia grande sorpresa sono stato accolto da Padre Sebastiano, da Missionarie e Missionari e da un numeroso gruppo di amici brasiliani. Era presente anche Luca Rossi, vicepresidente della Associazione Internazionale Padre Kolbe, venuto apposta dall'Italia. Senza contare che c'erano anche i pompieri con il loro camion e in cima un gruppo di "tifosi da stadio"... una torcida brasiliana!

Dopo i primi saluti, siamo ripartiti verso la Chiesa Santissima Virgem, che è la Parrocchia di Padre Sebastiano. Questi 10 km li ho fatti come se la stanchezza se ne fosse improvvisamente andata, anzi avevo le ali ai piedi. Fisicamente ero stanco, eppure prima della chiesa c'era una salita e così ho deciso di fare uno sprint sui pedali: la forza per pedalare me l'hanno data la gente e l'adrenalina di quel momento che mi hanno fatto passare la stanchezza. Sono arrivato alla chiesa e sono entrato, addirittura con la bicicletta, e davanti al Santissimo e insieme a tutti questi amici brasiliani abbiamo ringraziato il Signore, fatto varie foto e scambio di esperienze. Che accoglienza! *Os brasileiros são muito calientes* (i brasiliani sono molto accoglienti e affettuosi).

Non smetterò mai di ringraziare Padre Sebastiano, che è stato "l'anima" di tutto questo e non solo, seguendomi fin dalla mia entrata nel Brasile! Ora mi fermo, minimo tre giorni, per riposarmi, condividere esperienze e vedere come sta crescendo il progetto della *Città della Speranza*, che è il clou della mia pedalata. *Estoy feliz*!

28-29-30-31 dicembre 2009

San Bernardo do Campo

Buon anno a tutti. O, come dicono qua in Brasile, *Feliz 2010*.

Da dove inizio? In questi giorni mi sono riposato? Forse... di gambe, non avendo pedalato, ma sempre sono stato impegnato, intensamente e con piacere. Mi sono "tuffato" nel mondo missionario: la Santa messa, la vita con le comunità sono state al centro dei miei "impegni", che sono consistiti anche in alcune interviste alla radio, alla televisione, in incontri vari come quello con il prefetto di San Bernardo do Campo e addirittura con il presidente del Brasile, Luiz Inácio Lula da Silva! L'incontro è stato organizzato da Padre Sebastiano, grande amico del presidente, ma non è stato semplice scambiare due parole per via della folla presente al convegno. Con vari permessi io, Luca Rossi (vicepresidente dell'AIPK) e Padre Sebastiano siamo riusciti ad entrare nella zona "off limits". Lula appena ci vede

Ho incontrato Lula, presidente del Brasile. Tra noi c'è Padre Sebastiano.

esclama: "Il *recorrido* italiano!" riferendosi al sottoscritto, e per pochi ma intensi minuti siamo rimasti a parlare tutti insieme. Poi non posso dimenticare il viaggio al Santuario di Aparecida, che è uno tra i più grandi del mondo. E ancora la festa alla *Città della Speranza* con tanti bambini. Ovunque andassi ero al centro dell'attenzione, e devo dire che tutte queste attenzioni e questo affetto (che davvero non mi aspettavo) mi rendono felice e riconoscente. Quante strette di mano! Alla sera sono sempre arrivato un po' stordito.

Dicevo della radio; sì, la radio qua è un importante e anzi insostituibile mezzo di comunicazione che dà la possibilità a milioni di persone nel Brasile intero di ascoltare una parola buona, una parola di speranza: il Vangelo. Pensate soltanto al fatto che ci sono più di 100 radio che trasmettono la programmazione di questa Radio della Milizia, preparata da Missionarie, Missionari e laici. Quanto lavoro c'è dietro! Inimmaginabile: 24 ore no stop. E quanto questa radio è seguita!

Una pedalata insieme ai Missionari e Missionarie di Riacho Grande.

La *Città della Speranza*: una struttura in costruzione.

La *Città della Speranza*? In Italia avevo un'idea, ma vedendola con i miei occhi me ne sono fatta un'altra. Pensavo a una costruzione in aggiunta a quelle già esistenti, ma mi sbagliavo: questo progetto della *Città della Speranza* è l'unica vera costruzione in questa foresta vergine, e diventerà una luce nel buio per 80-90.000 persone ora abbandonate a loro stesse. E tutto grazie al lavoro svolto dallo staff di Padre Sebastiano, un frate e sacerdote missionario italiano che sta in Brasile da 40 anni. Un Missionario veramente speciale. Ora tante di queste persone vivono in capanne, baracche in cui noi in Italia non ci facciamo stare nemmeno gli animali, che durante la stagione delle piogge franano, si smembrano come carta, costringendo la popolazione a costruirne altre in maniera sempre precaria e provvisoria. La parola "favela" la comprendi nel suo vero senso solo se vedi questi posti.

Ad ogni angolo una storia da raccontare, che lasciava me e Luca Rossi a bocca aperta. Come questa, una delle tante che ci ha raccontato Padre Sebastiano: nei suoi primi anni di missione in una favela della sua parrocchia una ragazza madre ogni mattina andava al lavoro, lasciando per qualche ora il bimbo nel lettino, con latte e generi alimentari adatti a quell'età. Una mattina tornò e trovò il bimbo morto, mangiato dai topi, irriconoscibile! Davvero terribile, raccapricciante! Padre Sebastiano non si dava pace e cominciò a implorare Dio dicendo: "Dov'eri Dio? dov'eri Dio?". Subito sentì una voce in risposta: "E tu dov'eri? tu dov'eri?". Da questo fatto trovò ancora più forza in Gesù Cristo e Maria, così oggi in queste favelas le costruzioni sono in cemento, con acqua e luce, e quella zona è diventata un quartiere.

Alla domanda: "Ma dove trova tutta questa energia?" lui ha risposto di getto: "Nella grazia di Dio, e nell'amore alla Madonna".

Tornando a me, ad ogni angolo una persona da conoscere! Come ho scritto prima, il presidente Lula sapeva del mio arrivo e quando l'ho incontrato mi sono sentito importante. Questi giorni vissuti qua non li dimenticherò mai. E rinnovo il mio impegno,

Henrique, Maria Neusa e la Missionaria Giovanna, responsabili del progetto *Città della Speranza*.

una volta tornato in Italia, nel continuare a dare il mio piccolo contributo per la *Città della Speranza*. E non dimenticherò nemmeno il grande cuore dei brasiliani che ho incontrato e la loro generosità nel donare e lavorare per la diffusione del bene.

Ho augurato e auguro buon anno a tutti con la speranza e l'augurio di non perdere un attimo nella vita, di non sprecare nemmeno un istante, di fare tanto bene anche cominciando dalle cose più piccole come un saluto, un sorriso... Dai, forza, forza: non molliamo! Sempre avanti. Senza pestare i piedi a nessuno!

Domani riparto. Da un lato sono contento, ma dall'altro sento un po' di *saudade* (nostalgia) per le tante persone che ho conosciuto e per la straordinaria esperienza fatta. Mi aspettano altri incontri e altre storie.

1 gennaio 2010

San Bernardo do Campo-San Paolo-Juquitiba

I primi 20 km li ho percorsi pensando fortemente ai giorni passati. Dentro di me ringrazio ancora una volta tutti. Con me ci sono ancora le Missionarie Maria e Angela che mi scortano. Sono partito e ho attraversato San Paolo che era quasi deserta, del resto è il primo gennaio... È strano vedere una città così trafficata quasi vuota. Quella di oggi è stata una pedalata fatta quasi tutta sotto l'acqua, anche se leggera, e con il vento contrario, ma questo è nulla in confronto al vento che mi aspetta in Patagonia. E poi ho forato altre due volte nei 106 km di oggi! Sto percorrendo la strada detta della "Foresta Atlantica". Dire che è bella è scontato.

In serata un'altra sorpresa: Padre Sebastiano è venuto con alcune Missionarie a trovarmi a Juquitiba. E mi ha detto che nei prossimi giorni mi farà un'altra sorpresa! Veramente incredibile... D'altra parte in Brasile questo è il periodo di vacanze e quindi lui è un po' più libero, delegando alcuni dei suoi impegni ai suoi missionari sacerdoti. E nell'ora e mezzo in cui siamo stati insieme ha raccontato altri aneddoti della sua esperienza e dei giorni passati insieme. Ha raccontato anche di quando mi hanno accolto a Corumbá, dove al ristorante ordinammo la pasta che io divorai (dopo i giorni non passati bene in Bolivia) senza accorgermi che era per due persone! Come quel detto: "la fame non ci vede". Il racconto è stato divertente, anche se in un primo momento mi sono un po' vergognato...

2 gennaio 2010

Juquitiba-Registro-Cajati

Giornata buona, anzi ottima, direi. Partenza, 40 km sotto l'acqua, poi sole e percorso in discesa e pianeggiante (163 km in tutto). Paesaggio: enormi distese di banani, alberi tipici della foresta tropicale. E i soliti saliscendi che non mancano mai. Ma domani sarà l'opposto. E un'altra foratura, e siamo a 9. Il "record" dell'anno scorso nel mio viaggio a Gerusalemme con 16 forature si avvicina! Speriamo di no!

Con Maria e Angela nei momenti difficili ridiamo (a volte anche per niente) e affrontiamo gli imprevisti con umorismo. C'è un bel rapporto con Maria: è simpatica e si è creato un clima familiare.

Eh sì! Non mancano gli imprevisti in questa pedalata di Mauro. Oggi ha percorso tutti questi km lungo una autostrada, la "Regis Bittencourt", che è chiamata, ahimè, l'autostrada della morte perché è molto pericolosa. Pioveva, e molti camion gli passavano vicino vicino... (non so perché ma mi viene spesso in mente Don Abbondio, quando deve salire al castello dell'Innominato e cavalca una mula che cammina sempre lungo il filo dell'abisso. E lui pensa tra sé e sé: "Ma perché devi proprio camminare così tanto fuori dal sentiero?"). Insomma, questo penso quando Mauro con la sua bicicletta sta un po' fuori dalla sua corsia. Ma, grazie a Dio, c'è sempre il suo angelo custode all'opera, che dopo questa pedalata chiederà a San Pietro due mesi di ferie! (Sto scherzando.) A parte tutto, questa è una bellissima esperienza anche per me. Non lo avrei mai immaginato: è vero che "la strada e il cammino sono come una grande scuola di vita". Spero di imparare qualcosa e di essere una buona alunna. Noi, accompagnando Mauro con riconoscenza... preghiamo per lui. Ciao! Maria

Il Brasile? Se tutto va come da programma, tra 6 giorni lo lascio. Ho attimi di riflessione. Sono al 33° giorno e sono quasi alla metà del tour. Ripenso alla Bolivia già passata, alla *Città della Speranza* e al Brasile che sta finendo. Accidenti... il tempo passa. Ogni giorno è un nuovo giorno, ma allo stesso tempo tutto quello che vedo e che mi accade mi sembra naturale, quasi familiare. Forse quando tornerò in Italia e riprenderò la vita di tutti i giorni, mi renderò conto della grazia che mi ha fatto il Signore dandomi la possibilità di visitare, contemplare e ammirare luoghi così suggestivi e così diversi da quello da cui provengo, che sto assaporando fino in fondo con tutto ciò che comporta, anche la fatica fisica. La vita è un affascinante mistero da scoprire.

3 gennaio 2010
Cajati-Curitiba

Giornata buona, percorsi 166 km di salita, saliscendi, pioggia, molta pioggia, ma stavo bene. Panorami stupendi! Pedalare senza il sole, a me personalmente aiuta molto, e pedalare tra i 20 e i 27 °C sotto l'acqua... mi dà piacere! Sì, ovviamente se non hai forature e se non hai altri problemi! Le Missionarie mi hanno detto che mi accompagneranno fin dopo Iguaçu: a dire la verità io preferirei andarci da solo. Anche se rimpiangerò questo pensiero, sento che dovrei comunicarglielo... Vabbè dai, ancora 4 giorni e sono alle cascate. Stasera scrivo poco: è un po' tardi e domani mi aspetta un'altra tappa di avvicinamento alle cascate di Iguaçu, forse le più belle del mondo.

Ieri mi ero dimenticato di scrivere che a Registro ho visto il primo cartello che indica Ushuaia. E vai con le foto!

4 gennaio 2010

Curitiba-Campo Largo-Irati

Giornata nervosa, dove ho fatto fatica perché sono tornati i saliscendi pazzeschi. Non li sopporto... e meno male che il sole mi dà qualche tregua alternandosi con qualche acquazzone. E quanti camion lungo la strada!

Ho il cuore indurito perché sto pensando a come dire a Maria di non accompagnarmi alle cascate, ma sento che è ora di lasciarmi andare da solo. Gesù non è mai stato scortese con nessuno e io non voglio essere scortese con Maria. Sto cercando la maniera migliore per comunicarglielo.

Sono stanco, ho fatto 178 km e un altro razzino si è spezzato, e siamo al quarto.

ORA	GLICEMIA	INSULINA
4:30	48 mg/dl	–
6:00	83	rapida 3 unità
7:20	101	–
9:10	95	–
11:05	140	–
13:50	61	–
15:15	152	–
16:10	181	–
17:22	63	–
19:43	214	rapida 4+4 unità /20 unità rilascio lento 24 ore

5 gennaio 2010

Irati-Guarapuava

Ieri sera ho comunicato a Maria del desiderio di andare da solo. Penso che per avere un rapporto franco con un'altra persona bisogna essere trasparenti e sinceri. Il confronto è necessario, ognuno deve poter esprimere le sue idee, dopodiché si deve trovare un equilibrio perché i rapporti siano sereni e duraturi. Maria è stata gentile: ha capito e ha rispettato la mia decisione, dimostrandosi preoccupata per me, per la mia incolumità.

Stasera essere arrivato in Guarapuava è un grande successo! Oggi è stata una giornata ancora più nervosa di ieri, forse una delle peggiori in assoluto da quando sono partito. In fondo ho fatto solo 117 km, ma con tanta salita, i soliti saliscendi odiosi, senza aver smaltito la stanchezza di ieri… In più il mio intestino stava chiuso a chiave da più di due giorni: non stavo bene per niente! E ancora: un'altra foratura alla ruota davanti e la glicemia sempre costantemente bassa. La cosa positiva è che il sole andava e veniva, alternandosi con i soliti acquazzoni quotidiani, che mi davano un po' di sollievo. Ma sono qua in Guarapuava, e sono soddisfatto. Prima di cercare l'albergo sono andato alla ricerca di un negozio di biciclette per fare il rifornimento di camere d'aria. Lì ho fatto molte conoscenze, tra cui un signore che, saputo del mio itinerario, mi regala una maglietta dell'Italia.

E poi la "solita" sorpresa del Brasile: la visita di Padre Sebastiano, con Padre Clemilson e le Missionarie Giovanna e Brunella da San Bernardo che sono venuti per salutarmi prima di arrivare alle cascate di Iguaçu. Il desiderio di Padre Sebastiano era di accompagnarmi fino all'uscita dal Brasile, ma mi ha comunicato che per cause di forza maggiore non potrà farlo. È stato lui ad accogliermi quando sono entrato in Brasile, ed è sempre stato una presenza costante, se non fisicamente, sempre attraverso il telefono. E i 4 giorni di San Bernardo do Campo… indimenticabili.

È lui a scrivere queste stupende parole:

Ho ricevuto questo giovane ciclista nella sua entrata in Brasile con una domanda curiosa: chi è Mauro per fare questa pazzia? Adesso posso rispondere: è un giovane che ha trovato nella fede e nella preghiera il senso della sua vita donata agli altri. Posso dire che io stesso come sacerdote sono rimasto edificato per le riflessioni su Dio, sugli uomini, sulla natura. Ho visto in ogni pedalata del nostro amico un'ascesi coraggiosa dello spirito in direzione di Dio e di riflesso sull'uomo. È un esempio di coraggio, di saper vivere, di sognare nonostante una logica umana contraria a tutto questo. Coraggio, Mauro! Non so se ti rivedrò ancora, ma nella mia mente sarai sempre un giovane… scalando la più alta montagna esistente: quella di Dio dove potrai conoscere per sempre l'infinito, perché sei fatto per questo: atleta di Dio! La Madonna sta con te sempre. Ciao. Padre Sebastiano.

Per come era iniziata la giornata… meglio di così non poteva finire. A domani.

ORA	GLICEMIA	INSULINA
2:00	226 mg/dl	rapida 2 unità
5:00	150	–
6:30	98	–
7:10	74	–
9:06	105	–
10:20	77	–
12:10	88	–
13:20	97	–
14:06	72	–
15:44	69	–
18:00	150	–
20:00	151	rapida 8 unità /20 unità rilascio lento 24 ore
23:00	76	–

6 gennaio 2010

Guarapuava-Nova Laranjeiras

In Italia oggi si festeggia l'Epifania, ma qua in Brasile è stata festeggiata domenica. Mi sento di scrivere prima di tutto i saluti a Padre Sebastiano, a Padre Clemilson e alle Missionarie Giovanna e Brunella, con un sentito "arrivederci". E un "mille grazie" di tutto.

Appena partito un camioncino sorpassandomi mi ha urtato sul fianco, ma miracolosamente sono riuscito a non cadere. La strada è un pericolo continuo. Oggi ho pedalato quasi sempre con il vento contro: una sofferenza continua, lunga 133 km. Però giornate come quella di ieri e oggi, difficilissime, quando riesci a portarle a termine ti gratificano e ti fanno apprezzare cose che a casa sono scontate, come, ad esempio, lo scrivere il diario, la cena, il letto per dormire... Quello che accomuna tutte le esperienze di questi anni è che quanto più soffri (comunque una sofferenza superata!) tanto più apprezzi il senso della vita. Nella vita normale abbiamo tante cose superflue; in questi viaggi che cosa ci può essere di superfluo? In questi viaggi il superfluo è minimo! Avete presente l'uccellino in gabbia quando improvvisamente viene liberato? È l'uccellino più contento del mondo perché riscopre la libertà che non aveva più. Ecco: io in viaggio mi sento come quell'uccellino. E se non potessi rendere gli altri partecipi di quello che vivo sarei contento a metà. Ecco dove mi portano le mie riflessioni: uccello io sono! Vabbè, sto scherzando, dai...

Di solito durante la pedalata penso: stasera scrivo questo, poi quell'altro... e invece quando mi ritrovo a sera scrivo tutt'altro. Oggi per esempio avevo in mente di scrivere del mio "amico pazzo" diabete, che in questi giorni sta andando bene. Be', ne parlerò più avanti.

7 gennaio 2010

Nova Laranjeiras-Santa Tereza do Oeste

Le Cascate si avvicinano. Oggi (135 km) ho attraversato un paese di indios che ai bordi della strada vendono oggetti fatti da loro e abitano in tende... tipo i beduini incontrati l'anno scorso nel deserto della Giudea. Anche oggi una foratura: siamo a 11. E un altro razzino rotto: siamo a 5.

Parliamo del diabete... perché fino a che la Missionaria Maria è con me posso scrivere un po' di più, visto che ha il computer con sé. In questi ultimi giorni faccio molti stick, tra i 10 e i 12 giornalieri. Alcune volte sono arrivato anche a 15. Le iniezioni sono 3-4 al giorno. Il diabete sta andando bene, ma è una bestiaccia, un po' come un cavallo pazzo, e se lo sottovaluti si prende subito gioco di te. Io faccio finta di giocarci una partita: diciamo che nelle ore notturne fa il furbo e si approfitta del mio sonno (dormendo non lo posso gestire), ma durante la pedalata non ha quasi possibilità: lo straccio! Certo, quando siamo in ipoglicemia siamo come un pugile all'angolo, dobbiamo uscirci prima possibile (integrando subito zuccheri, carboidrati, ecc.) poi magari mangiamo troppo perché le sensazioni di un'ipoglicemia forte ti danno la voglia di mangiare un toro! E se non stai attento esci da un angolo e vai nell'altro angolo, quello dell'iperglicemia. E in questi viaggi ogni giorno è diverso. E il diabete non va per niente sottovalutato perché ogni giorno si mangia cibo differente, in orari sempre diversi. Poi ci sono gli stress, le emozioni, ecc., che cambiano le carte in tavola e rischiano di dare al diabete una mano vincente...

Il diabetico che legge può capire di più che cosa intendo dire. Il diabete è un po' come un viaggio in bici: ogni giorno bisogna sempre lottare, senza mai mollare. In fondo come nella vita. Per me il diabete è stato, come ripeto spesso, una scuola di vita. Mentre i primi anni, non avendolo accettato, lui mi dominava e mi faceva gestire la mia vita in base a lui, ora è lui che deve capire e adattarsi al mio stile di vita. E volete sapere una cosa? Sono contento di essere diabetico!

Certo, ci sono stati giorni in cui era un po' ingestibile. Chiaramente, più il fisico è sotto stress e più è difficile controllarlo. Per esempio, in Bolivia c'è stato un paio di giorni in cui pur facendo un'iniezione di insulina al giorno, stava costantemente basso. Ed è successo ancora due giorni fa. E tu mangi, mangi... però devi pedalare, per cui non puoi appesantirti troppo: è come la coperta corta, che la tiri di qua e ti manca di là. Altre due volte poi, durante questo periodo, è passato bruscamente dall'ipoglicemia all'iperglicemia. Ma nel complesso, fino a qua, sono contento di come sta andando.

Oggi con Maria abbiamo fatto una telefonata in Italia a un caro sostenitore della mia avventura, anche lui diabetico. A fine conversazione Maria mi dice che l'ha sentito molto malato e abbattuto; io pensando che si riferisse al diabete gli dico che per una cosa o per un'altra siamo tutti un po' malati...

Ecco: e ora dopo aver annoiato i lettori non diabetici, vi saluto e vado in *churrascaria,* che è un ristorante dove si mangia un misto di carne arrostita con tante altre buone cose, senza pane però, perché in Brasile il pane c'è solo per la colazione. Si mangia bene qua in Brasile. E ci sono tante altre cose buone! Presto lo saluto, il Brasile. E poi?

8 gennaio 2010

Santa Tereza do Oeste-Foz do Iguaçu-Cataratas del Iguaçu

Scrivo queste righe la mattina del 9 perché ieri sera sono arrivato tardi (dopo le 21:00) in hotel. Le Cataratas!

Partito alle 6:45 per l'ansia di arrivare, dopo 12 km una foratura, dopo altri 36 un'altra foratura, dopo altri 10 un razzino rotto! Sono dovuto andare alla ricerca disperata di un meccanico a

Foz do Iguaçu perché non è normale che si rompano i razzini così spesso. Essendo sabato, ho dovuto girare parecchio e insistere, tirando fuori quella gentilezza che altre volte, soprattutto a casa, non ho. Al secondo meccanico, tutto ok: abbiamo controllato e sistemato il cerchio con lo strumento necessario per registrare tutti i raggi (un attrezzo che non posso certo portare con me).

Percorso, una volta tanto, ottimo. I saliscendi c'erano anche oggi, però li ho affrontati meglio, per tutti i 171 km. Le cascate: per arrivare è necessario usare il pullman a disposizione dei turisti, oppure in bicicletta come ho fatto io. All'inizio non volevano farmi entrare perché era già tardi, poi con un po' di insistenza hanno ceduto. E una volta alle cateratte… foto, foto, foto! Sono riuscito ad arrivare con la bici fino a un punto perfetto. Maria e Angela le avevo perse. Loro sono arrivate a piedi fino a circa 20 metri. Io, con la bici, non potevo andare più vicino. Sono contento, felice, ho l'entusiasmo a mille, ancora adesso che sto scrivendo.

Le Cascate di Iguaçu: uno dei punti più panoramici di tutto il viaggio.

Lungo la strada si fanno tanti incontri e si vedono tante cose: venditori di acqua di cocco, un parco dove ci sono gli struzzi (non me l'aspettavo), tanti piccoli animali che sembrano un gatto con la coda molto lunga e il muso appuntito come una trombetta, e poi anche iguane, lucertole…

Ah, non posso dimenticare che oggi ho parlato per telefono con il cardinale Mons. Claudio Hummes (Prefetto della Congregazione per il Clero), che collabora direttamente con il Papa e che si è incontrato in questi giorni a San Paolo con Padre Sebastiano. Al telefono mi ha dato la benedizione.

Tra un'ora circa saluterò le Missionarie Maria e Angela. Comincerò un altro tipo di viaggio, proprio "in solitaria" visto che in questi 4.284 km (da La Paz a qui) quasi sempre sono stato accompagnato dai miei angeli custodi terreni, che si sono alternati dalla Bolivia a qua. Bella la nostra amicizia, sincera e schietta, con tutti loro. I momenti critici sono stati i più belli: quando, ad esempio, foravo… oppure il caldo… i camion che passavano vicino… E insieme si rideva.

Maria vuole lasciarmi un ultimo messaggio, da trasmettere agli amici che stanno seguendo in diretta la mia avventura:

Ciao amici! Si conclude questa prima parte del viaggio di Mauro, il viaggio attraverso la bella terra del Brasile. Ma l'esperienza continua.

9 gennaio 2010

Foz do Iguaçu-El Dorado (Argentina)

Sono in Argentina. Dopo la giornata emozionante di ieri, oggi è stata un'altra giornata piena di emozioni. Attraversare un confine è sempre qualcosa di speciale. Tutto diventa una scoperta. E cambia ancora il fuso orario: ora sono di nuovo a meno quattro ore rispetto all'Italia.

Stamani ho salutato Maria e Angela, un momento particolarmente toccante, e ho iniziato la solitaria verso Ushuaia. La prossima Missione delle Missionarie dell'Immacolata Padre Kolbe che incontrerò sarà a Villa Ballester, a Buenos Aires. Aspettatemi, sto arrivando!

Il percorso di oggi è stato un po' selvaggio; 104 km, poco traffico, i paesini hanno un'aria da film western, ma senz'altro quello che ha progettato la strada in Brasile deve essere lo stesso che ha progettato e realizzato la strada qua in Argentina. Come mai dico questo? Saliscendi in continuazione...

Comunque sono poche ore che sono qua ma mi piace già. Argentina olé.

10 gennaio 2010

El Dorado-Jardín America-Santa Ana

Strano: anche se la Patagonia è ancora lontana tutto ti fa pensare che se non calcoli bene il percorso la Patagonia può essere anche qui. Per esempio: i cartelli indicano "Bienvenidos" con il nome del paese, ma il paese non c'è! Ho avuto difficoltà a trovare un pernottamento, ho fatto avanti-indietro per 3 km e una volta scelto l'*alojamiento* (in realtà era una catapecchia malmessa, però aveva un letto e il bagno), sono tornato in centro a Santa Ana a fare rifornimento. Quando avevo visto per la prima volta questo *alojamiento* mi sono chiesto: "Chi è il matto che potrebbe dormire in un posto simile?". Dopo un'ora mi sono preso un po' in giro: "Ecco, quel matto sono io", d'altronde non c'era un'altra sistemazione. In questo paese non c'è un posto dove mangiare e così ho comprato dei panini e dello yogurt. Mi piace mangiare i panini.

Oggi la tappa è stata lunga 176 km. A Puerto Rico mi ha fermato la gendarmeria e con mia grande sorpresa sapevano del mio passaggio: nome, cognome e tutto il resto, e così anche a San Ignacio e a Santa Ana, dove mi hanno scortato per qualche chilometro. Non sono entrato in Paraguay ma lo sto costeggiando.

Domani mi aspetta una lunga pedalata: sono in Argentina e non mi sembra vero. Molti Hola Hola, molta povertà materiale, questa la prima impressione.

11 gennaio 2010
Santa Ana-San José-G.dor Virasoro-Santo Tomé

Oggi ho lasciato la provincia Misiones; ho fatto 186 km di cui un lungo tratto che non facevo da quando l'ultima volta sono stato sul lungomare di Viareggio: una strada in pianura, finalmente! Il sole inizia a farsi sentire, ma per fortuna c'è ancora qualche nuvola. Bene, ma da ora in avanti il sole sarà il mio incubo, temo. Anche in Bolivia era così. Ma Buenos Aires (Villa Ballester) non è poi così lontana. Anche domani tappa lunga perché sono quasi costretto: i paesi principali sono distanti tra loro e nel mezzo c'è ben poco.

12 gennaio 2010
Santo Tomé-Alvear-Yapeyú

Quasi quasi torno in Brasile! Sono alloggiato in un bungalow a Yapeyú, sul Rio Uruguay: al di là del fiume c'è il confine, mi basterebbe prendere una barchetta e attraversarlo!

Il paese ha due anime: è piccolissimo ma c'è una struttura turistica (dove dormirò stanotte) molto bella. Oggi ho fatto gli ultimi 50 km dei 147 totali con pioggia e con forte vento contro. È arrivato tutto in un colpo anche se si vedeva in lontananza un cielo anomalo. Oggi la gendarmeria l'ho trovata ovunque, cinque pattuglie. Anche negli 80 km di niente tra Santo Tomé e Alvear. Chi non sa, mi ferma e mi chiede i documenti e se va

Ecco un ristorante tipico di queste zone: non si mangia male.

todo bien, mentre chi sa del mio passaggio mi scorta. Sono gentilissimi e chiacchieroni, mi fanno un sacco di domande e addirittura vogliono sapere a che ora parto la mattina.

13 gennaio 2010

Yapeyú-Cuatro Bocas-Monte Caseros

Oggi ho dovuto percorrere ben 212 km: l'Argentina è fatta di queste distanze. Per trovare un posto dove dormire bisogna camminare tanto! O mi fermavo dopo 85 km, o andavo verso Curuzú Cuatiá, allontanandomi dal mio itinerario, o prendevo una strada sterrata di 30 km risparmiando 45 km per arrivare dove sono adesso. Una volta all'incrocio per Monte Caseros avevo la tentazione di andare verso Cajari, ma sarei arrivato dopo le 21:00, troppo tardi. Ora sono qui a Monte Caseros, felice di come è andata la giornata, ma durante il percorso ho pensato molto a quale fosse la soluzione migliore. L'importante comunque in questi tratti è non rimanere senza acqua e senza alimenti, soprattutto con questo caldo. Ma per ora è sopportabile. Oggi una foratura: per evitare un camion ho preso una buca. Tutto arricchisce il fascino dell'avventura.

14 gennaio 2010
Monte Caseros-Cajari-Concordia

Giornata quasi monotona, e una tappa lunga 155 km. Mentre gli altri giorni il traffico era pochissimo, ora sono sulla Ruta 14, molto trafficata. La gendarmeria non mi scorta più, ma a ogni loro posto di blocco mi fermano e mi offrono sempre acqua fresca chiedendomi: "Sei tu l'italiano?". Mi piace essere chiamato "l'italiano": mi fa sentire importante. È da un paio di giorni che ho finito i Pesos in contanti, ma in una maniera o nell'altra riesco a scambiare Euro o Dollari. Le persone che incontro sono tutte gentilissime, domandano, chiedono il perché di questo tour, e si dimostrano partecipi e solidali. Ieri ho conosciuto un diabetologo, mi ha fatto tante domande e si è dimostrato molto interessato e anche meravigliato della mia avventura. Mi ha detto che lo avrebbe raccontato a tutti i suoi pazienti.

Villa Ballester (Buenos Aires), la prossima missione, si avvicina. *Buenas noches, hasta pronto.*

15 gennaio 2010
Concordia-Colón-Gualeguaychú

Una volta tanto avevo il vento a favore. Avevo come obiettivo di arrivare a Gualeguaychú e pensavo di arrivarci con il buio, invece alle 17:00 ero già qui, dopo una tappa di 221 km. Ora lo posso dire: a Villa Ballester voglio arrivare domenica (domani l'altro) facendo una tappa breve per avere mezza giornata in più e stare in quell'ambiente assaporato nelle missioni precedenti. Mando un caro saluto, ancor prima di conoscerci, alle Missionarie di Villa Ballester e di Olavarría!

I paesini che sto attraversando mi piacciono. Hanno qualcosa che mi ricorda i film dove con poco tutti vivono felici e contenti (anche se poi non è così...) ma hanno anche una cosa che a me non piace: sono fuori dalla strada! In quattro giorni tra andare e tornare sulla strada principale ho fatto 124 km in più... una bischerata!

16 gennaio 2010

Gualeguaychú-Ceibas-Zárate-Villa Ballester (Buenos Aires)

Sì, sono già a Villa Ballester, alla quinta missione. Ed è una sorpresa anche per me. Oggi la gendarmeria mi ha scortato per 100 km fino a Ceibas, ma andiamo con ordine, una volta tanto. Per i primi 20 km ho avuto una pedalata stanca, anche perché la glicemia era un po' alta, poi, inaspettatamente, il vento ha girato a favore e ho cominciato a pensare che se fosse continuato così, avrei potuto raggiungere Buenos Aires in giornata. Poi una trentina di chilometri di vento contro mi fanno per un po' abbandonare l'idea. Vedo la città di Zárate dal ponte che oltrepassa il fiume Paranà, qui per un breve tratto ho la gendarmeria che mi scorta e mi dico: mancano 70-80 km e devo cercare l'albergo a Zárate? No, devo almeno provare! Decido allora di affidarmi al vento. Arrivato a Zárate, dove c'è un cambio di direzione, il vento torna dalla mia parte e in più a mio favore c'è anche la condizione del meteo, in quanto è una giornata nuvolosa. E così sono qua, dopo una tappa di 246 km, a Villa Ballester.

Le Missionarie (come da accordi) mi erano venute incontro a Zárate, ma non mi avevano trovato: prima di partire avevano consultato il localizzatore satellitare GPS che ho attaccato alla bici dove si vede ogni mio spostamento, e mi hanno incrociato sulla superstrada, ma non pensavano che fossi io! L'accoglienza programmata per domani è stata inaspettatamente anticipata ed è stata bella, calorosa, con molti italo-argentini, e poi la cena... memorabile.

Ma quello che mi rimarrà per sempre in mente sono gli ultimi 90-100 km, che sono stati entusiasmanti, un po' comici e un po' nervosi al tempo stesso. Solitamente durante la pedalata spengo il cellulare, ma visto che avevo programmato l'incontro con le Missionarie a Zárate, l'ho lasciato acceso per comunicare i miei spostamenti, anche perché con questo vento un po' contro e un po' a favore non sapevo esattamente dove potevo arrivare. Ora, proprio in questi giorni una mia compaesana italiana, di nome Maria, verrà a trovare i suoi parenti a Buenos Aires. Lei ha un fratello che vive a Campana, vicino a Zárate, e quindi ricevo varie telefonate per cercare di organizzare un incontro. Essendo in mezzo al traffico, però, non capisco con chi parlo, e ad ogni squillo dico, chiunque sia: "mi fermo a Zárate", poi "non lo so", poi "Buenos Aires", poi "il vento decide"... Una volta a Buenos Aires non riesco subito a trovare dove abitano le Missionarie, so di avere l'indirizzo con me, sparso tra i vari documenti, ma non lo trovo. Nel frattempo, vicino a un autoshop, ricevo una telefonata dalla Missionaria Anna che, in un non perfetto italiano, mi dice qualcosa che non capisco (anche perché ci sono due Missionarie con lo stesso nome di Anna). Non riesco a raccapezzarmi: mi chiedo "ma allora prima con chi ho parlato? Anna, l'altra Anna, Maria?". Mi viene da pensare "qui sono tutti matti, o forse lo sono io?". Allora mi fermo di scatto, parcheggio la bicicletta in terra davanti all'autoshop e, sotto lo sguardo meravigliato di tutti i presenti, passo il telefono alla commessa chiedendole in uno spagnolo comico di dire alla Missionaria che la aspetto qua!

Una confidenza: durante gli ultimi chilometri urlavo, ed erano urla di gioia inaspettata, perché non pensavo proprio di arrivare a Buenos Aires. Ogni sera pensi all'indomani e cerchi di programmarti, ma tante volte quello che hai pensato la sera prima non conta più niente, e i programmi vengono stravolti perché non puoi sapere la strada che cosa ti riserva. È un po' come la vita: gli inconvenienti, come le sorprese, non vanno mai sottovalutati, l'elasticità mentale e pratica sono fondamentali. Stasera mi sento di salutare con un grande "grazie" tutti, anche chi non conosco.

Solo un piccolo rammarico: l'incontro che avevo con il fratello della mia paesana Maria, che vive vicino a Zárate, è saltato. Appunto.

17-18 gennaio 2010

Villa Ballester

Dove ero rimasto? Questi due giorni a Villa Ballester sono stati molto belli e intensi, sto scrivendo questo diario alle 22:00, un'ora in cui sinceramente volevo essere già a letto... Sono in "riposo di bici" ma poi c'è sempre qualcosa da fare. Ieri siamo stati al Santuario della Madonna di Luján, la patrona dell'Argentina, sarebbe come la "Lourdes Argentina". Non pensavo di andarci, ma le Missionarie mi hanno fatto una sorpresa. Molto gradita, ovviamente.

Oggi siamo andati alla ricerca di materiale per la bici che poi in Patagonia non troverò, poi dal console italiano, una rapida visita a Plaza de Mayo, alla Casa Rosada, punti caratteristici di Buenos Aires.

Andati in città con un taxi di quartiere "fai da te", una macchina degli anni '50, col cambio che grattava, poi si fermava, una guida da safari... Avventuroso! Più della bicicletta! Poi all'ambasciata ci siamo presentati con il copertone appena comprato: ridevamo con simpatia e felici del bell'incontro durato più della re-

Le difficili condizioni di vita di una famiglia di Villa Ballester.

gola di queste occasioni. E per concludere siamo andati a visitare un quartiere povero di Villa Ballester, è stato molto toccante conoscere alcune famiglie e vedere tanti bambini poveri ma allegri. In questa zona di frequente ci sono sparatorie per la droga.

Una delle attività delle Missionarie è aiutare queste persone, non tanto materialmente come noi occidentali pensiamo sempre, ma culturalmente, nella gestione della famiglia, nell'educazione, come il pescatore che deve insegnare a pescare e non regalare sempre il pesce, perché altrimenti la sua opera sarebbe un pozzo senza fine. L'obiettivo è quello di insegnare anche ai più sfortunati a sorreggersi da soli.

Ora passo con piacere la parola ad Anna:

Sono stati due giorni che ci sono sembrati dieci, per l'intensità delle cose vissute. Per tutte noi è stato molto bello conoscere Mauro, ascoltare le sue esperienze ricche di tanta umanità e semplicità, una vera scuola di vita! Non sono mancati momenti simpatici e allegri, che hanno aiutato Mauro a conoscere i tanti volti di questa grande città. Poi lui stesso vi racconterà attraverso le foto. Grazie quindi per la bella testimonianza e... ti accompagneremo con l'amicizia e la preghiera fino a Ushuaia!

Domani si riparte, destinazione pampa, sesta e ultima missione Olavarría e poi la Patagonia.

19 gennaio 2010

Villa Ballester-San Miguel del Monte

Il vento si sta già riprendendo quello che mi ha dato nei due giorni prima di Buenos Aires. Oggi l'ho avuto contro! Credo che la parola "vento" sarà molto ripetuta nei diari prossimi. Le Missionarie Anna, Angie e Maria Do Socorro mi hanno accompagnato fino a qua, poi ci siamo salutati con un arrivederci al ritorno da Ushuaia visto che a tour concluso, il primo scalo aereo prima del rientro in Italia, l'avrò a Buenos Aires. Anche oggi due forature e cambio di copertone, e 121 km in tutto.

20 gennaio 2010

San Miguel del Monte-Las Flores-Azul

Giornata intensa. Per i primi 80 km, cioè fino a Las Flores, ho coltivato l'idea di arrivare a Olavarría, poi però il vento e la giornata molto calda hanno deciso che era una fantasia e già raggiungere Azul, dopo altri 119 km, non è stato per niente facile. Con le Missionarie di Olavarría, Simonetta e Graciela, ci siamo incontrati a Cacharí; sono bizzarre queste Missionarie: mi hanno detto che era già un po' che mi avevano visto, ma volevano vedere cosa facevo! E una volta fermatomi nell'autoshop, dove mi stavo gustando un gelato refrigerante, sono entrate con spavalderia simpatica, entusiaste di salutarmi. È stato bello l'incontro. Grazie ai loro contatti, ad Azul sono stato accolto da un'associazione di giovani diabetici, dove ho conosciuto un'entusiasta bambina diabetica. È importante per me riuscire a trasmettere il messaggio a cui tengo particolarmente: il diabete non è un limite se viene accettato.

Sono stato poi intervistato da una televisione e, per finire, ho incontrato il Vescovo. Come ho detto, è stata una giornata intensa e sono molto stanco. Domani: mini-tappa e sesta missione.

21 gennaio 2010

Azul-Olavarría

Raccontare la bellissima giornata di oggi mi è veramente difficile. È stata piena, anzi strapiena! Ho pedalato per 80 km in compagnia di tanti ciclisti di Azul, ho avuto accoglienze ufficiali e informali, incontri, canti, interviste, televisione... il tutto

Una pedalata in compagnia fino a Olavarría.

organizzato dalle Missionarie! Eh sì, le Missionarie qua sono presenti da circa quaranta anni, e sono molto radicate nella struttura della società. Sono stato troppo sintetico? Dai, riparto sabato, quindi domani vedo di raccontare di più. Sono a Olavarría, sesta missione, e con me sento forte la presenza di tutti quelli che mi stanno sostenendo anche dall'Italia. Li vorrei ringraziare a uno a uno… Oggi ho vissuto un altro collegamento di videochiamata con il comune di Sasso Marconi; erano presenti il sindaco Stefano Mazzetti, l'assessore alle cooperazioni internazionali Marilena Lenzi, l'assessore allo sport Raffaele Ammendola e gli amici ciclisti "Stelvio over 70".

22 gennaio 2010

Olavarría

Sono le 15:30 e, come promesso ieri, racconto in maniera più dettagliata il mio arrivo a Olavarría, la mattinata di oggi e gli incontri che avrò nel pomeriggio. Per questo sfrutto la possibilità di usare una e-mail, perché poi in Patagonia seguirò come sempre a servirmi degli SMS. Anzi approfitto della presenza della Missionaria Simonetta per comunicare insieme a lei quello che abbiamo vissuto in questi giorni.

Ieri l'arrivo qui è stato sorprendente: dopo aver salutato le Missionarie, che come sempre sono state molto accoglienti, un bel gruppo di ciclisti è venuto nel pomeriggio per accompagnarmi al centro di Olavarría. Con loro, dopo un breve momento di preghiera davanti al monumento dell'Immacolata nel centro mariano missionario, siamo partiti. Passando per le strade di Olavarría tutti mi salutavano come se mi conoscessero: è stata una emozione in più. Dopo aver percorso la città in lungo e in largo ci siamo fermati nella piazza principale, dove un bel gruppo di persone, giovani, adulti e anziani, mi stava aspettando. Per l'occasione avevano preparato uno spettacolo di musica e danza. Un gruppo di circa trenta giovani suonava tamburi di vario tipo, accompagnati da tre ragazze che facevano un ballo chiamato *Murga Daii Yarà*. Queste manifestazioni popolari si chiamano *Batucada* e vogliono esprimere la gioia, il senso della festa, e si effettuano soprattutto durante il Carnevale o per qualche occasione straordinaria. Mi hanno poi espresso un pensiero di accoglienza le Missionarie, il delegato del consolato italiano, dottor Daniel Fanesi, e il direttore sportivo del comune, professor Gabriel Rossato. Un ragazzo di nome Juan Avalos mi ha dedicato due canti: il primo in italiano, *Partirà la nave partirà* o meglio *Partirà la bici partirà*, e l'altro in spagnolo. Dopo tante foto e tanti abbracci, la "festa" si è conclusa con la benedizione di un sacerdote di Olavarría, Padre Rafael.

Subito dopo mi aspettavano due interviste alla televisione locale Canale 5 e al giornale locale «El Popular», dove ho potuto nuovamente comunicare il motivo di questo mio viaggio in bicicletta.

Questa mattina, molto presto, siamo partiti con Padre Maurizio, il segretario del vescovo, e le Missionarie Graciela e Simonetta per andare a Saladillo, una cittadina che dista da Olavarría circa 190 km, dove c'è un centro diabetico. Lì ci aspettavano un gruppo di ciclisti, la direttrice del centro, Maria Esther, che è cugina della Missionaria Graciela, qualche medico, una psicologa e qualche ragazza diabetica. Il centro diabetico di Saladillo mi è parso molto ben organizzato, ho potuto parlare con tutti, raccontare le mie esperienze e ascoltare quelle degli altri.

I ciclisti mi hanno poi prestato una bicicletta e insieme siamo andati al centro della cultura, dove ci aspettava un gruppo di persone discendenti di italiani, che fanno parte del circolo italiano Dante Alighieri, e la televisione. Ho fatto un'altra intervista in diretta. Nel pomeriggio un'altra intervista, con Radio Maria, poi ho visto la sede della Milizia, dove c'è la redazione di

"Milizia Mariana", e dove le Missionarie organizzano le loro attività apostoliche.

Sono andato con le Missionarie Letizia ed Elvira al cimitero a pregare sulla tomba di Rita Biasin, una Missionaria italiana, morta nel 2004, che ha vissuto quasi 40 anni in missione a Olavarría.

E domani riparto: Pampa, pampa. Patagonia, Patagonia.

23 gennaio 2010

Olavarría-Coronel Pringles

Oggi è ricominciato il "niente"! Cioè: da Olavarría a qua, per 174 km ho incontrato solo alcune macchine, e una stazione di rifornimento, ma solo una, abbandonata! Per i primi 15 km mi ha accompagnato Marco Ramirez, un ragazzo di 21 anni, fan di Pantani che in questi due giorni mi seguiva continuamente, aspettandomi addirittura dove alloggiavo!

Stamattina sono partito con 5 kg in più, perché ho ripreso la tenda e l'abbigliamento invernale lasciato precedentemente a Montero (in Bolivia) e speditomi a Olavarría. Così sono tornato ai 28-29 kg iniziali solo di bagaglio. Ho più carico, ma oggi non l'ho sentito molto, visto che il vento è stato mio amico. Solo gli ultimi chilometri sono stati più difficili anche per via del caldo e perché sono rimasto senza viveri. Naturalmente questo non deve più accadere! Oggi sapevo che le Missionarie venivano a salutarmi, quindi psicologicamente non ho pensato nel dettaglio al percorso che affrontavo, sapevo di avere il "paracadute". Le ho incontrate al 132° km e siamo stati un po' insieme. Ho notato una cosa che accomuna tutte le Missionarie delle sei missioni visitate: la loro allegria, il buonumore, l'essere sempre positive, come quel detto "tristezza e malinconia fuori da casa mia". Viva le Missionarie!

24 gennaio 2010

Coronel Pringles-Bahía Blanca

Soy un pochito cansado (stanco). A Bahía ho ricevuto una bella accoglienza da parte dell'Associazione Diabetici con la Missionaria Angelica e il volontario Carlitos venuti da Olavarría. Sono stato doppiamente contento quando ho visto il gruppo che mi attendeva: voleva dire che ero arrivato e che la battaglia con il vento per oggi finiva. La prima parte del viaggio è stata buona, poi il vento veniva di traverso, poi in bocca, poi ancora di traverso, poi dall'altro lato e poi... Bahía ha concluso la lotta, dopo 137 km! Ho viaggiato con più acqua del solito: è molto caldo, e devo partire ben carico per essere tranquillo. Oggi una foratura. *Hasta pronto.*

25 gennaio 2010

Bahía Blanca-Pedro Luro

Quanti messaggi di incoraggiamento ricevo da tutti! Oggi è stata una giornata tranquilla, con il vento a favore, e ci voleva proprio. Ho fatto 130 km e sono arrivato presto, così ho evitato quelle 3-4 ore di sole che mi avrebbero steso. Qua non è come in Brasile dove a metà giornata la pioggia rinfrescava l'aria. A metà percorso ho incontrato un ciclista che stava andando da Santa Fé alla Penisula Valdes. Molti incontri, tanti saluti... *buen viaje, buena suerte*... tutti molto gentili. Ecco una cosa che mi piace: l'incontro con gli altri, che porta il piacere di parlare senza doppio fine. Un favore, per esempio la richiesta di un'informazione, che non potrà essere ricambiato, se non con un grazie, una stretta di mano e un sorriso. Ecco, sorridiamo di più con il nostro prossimo, staremo meglio entrambi!

26 gennaio 2010

Pedro Luro-Carmen de Patagones-Viedma

Appena partito ho attraversato il Río Colorado e ho visto il cartello "Aqui comienza la Patagonia". Oh oh oh, la la la! Questo è stato il ritornello dei primi chilometri. La Patagonia occupa un terzo dell'Argentina. Il vento è stato sopportabile per un centinaio di chilometri, poi gli ultimi 50 km si è alzato, è diventato forte, l'ho avuto di traverso, con sabbia e terra in aria. Le macchine avevano perfino i fanali accesi. È stata veramente dura. Il paesaggio è cambiato: non più bestiame, ma terreno arido e, in molti tratti, sabbia del deserto. A Viedma, dove sono arrivato al termine di una pedalata di 168 km, mi aspettava una famiglia amica di una Missionaria con un gruppo di diabetici.

Domani ho in programma una tappa difficile, quasi 200 km di cui 160 km di niente, nemmeno una stazione di rifornimen-

La Patagonia comincia qui: l'inizio degli spazi infiniti...

Sto entrando dentro una tempesta di sabbia: è stata dura!

to, e farà caldo... Comunque sono carico e ho voglia di cantare: "Oh oh oh Patagonia alé. La la la".

Ho rotto la macchina fotografica. Ho voluto fare una di quelle foto epiche in mezzo alla tempesta di sabbia, così la sabbia stessa è entrata nei meccanismi e ha bloccato lo zoom... Ho comprato una macchina fotografica nuova.

27 gennaio 2010

Viedma-San Antonio

Sono contento che sia andato tutto bene, e soprattutto sono contento di essere arrivato. Temevo il lungo percorso di oggi (di 200 km in totale). Sono partito alle 6:00. I chilometri di niente tra una stazione di servizio e l'altra sono stati 178; il vento è stato neutrale, ma se ci fosse stato il vento contro? Una domanda angosciante... Fa molto caldo, infatti sono partito con 12 litri di acqua e tanti alimenti, stracarico: sommando i 28-29 kg alla partenza più 12 kg d'acqua e gli alimenti sarò a 45 kg! Ma non si sa mai, se hai dei problemi *acqua es vida*, e se bevi, il caldo è sopportabile. Mi sa che ci saranno giorni che dovrò caricare anche di più.

Ho dovuto fare qualche chilometro in più per andare alla ricerca di un bancomat a San Antonio e poi tornare sulla strada dove si trova l'hotel. Sono entrato e non c'era nessuno. Mentre aspettavo ho conosciuto una coppia di motociclisti di Caleta Olivia molto esperti del tragitto che faccio. Quando passerò da loro hanno detto che mi ospiteranno. Lui parla italiano, e mi hanno dato molte informazioni sul tragitto e sulla strada, sono stati gentilissimi. Visto che sono in anticipo ho in mente un cambiamento di percorso...

28 gennaio 2010
San Antonio-Sierra Grande

Sono stati più duri i 127 km di oggi che i 200 di ieri! Prima parte con vento contrario, poi favorevole, ma temperatura di 36-38 gradi. Panorama desertico e quando arrivi dici "anche oggi è andata". Sono a Sierra Grande, che di grande ha solo il nome. Se riuscite a vederlo su Google Earth è un paese in mezzo al niente vicino a una montagna... È come Gerico nella Giudea! Ho avuto altre informazioni per i cambiamenti di percorso, e le informazioni più sicure non sono le agenzie di turismo, ma le persone comuni. Vorrei che qualcuno mi mandasse un po' di fresco dall'Italia: qui fa molto caldo. Sono uscito a fare rifornimento di acqua, snack e cereali. Mi servono mentre pedalo, mentre alla sera preferisco sempre una cena completa se è possibile.

29 gennaio 2010

Sierra Grande-Puerto Madryn

Sono all'ingresso della penisola Valdés dove regna la natura. Domani, se tutto va bene, spero di vedere i leoni marini. Per arrivarci dovrò fare una strada di terra: ho già montato i copertoni da 32. Oggi sembrava un giorno tranquillo, addirittura con poco sole, poi al cartello "Puerto Madryn 30 km" si è scatenato un vento da paura! Da lontano vedevo tutta la sabbia sollevarsi, ma finché non sono arrivato dove c'era il vento non mi sono reso conto di quanto fosse forte, pazzesco. Ho messo la bici in orizzontale a terra e le ruote, nonostante le borse che le riparavano, giravano all'impazzata! Mi sono fermato più volte, ho messo le scarpe da tennis per avere un maggior equilibrio nel ripartire e per fare qualche metro a piedi. Il vento mi sbilanciava in continuazione e con i camion che passavano è stato difficile. Per 10-12 km è stato davvero pazzesco! La temperatura poi è scesa da 31 a 17 °C in meno di un'ora. Ho raccontato un po' in hotel la mia giornata e mi hanno risposto tranquillamente: "Questa è la Patagonia"! Ho totalizzato 150 km oggi, ma mi sono sembrati molti di più.

Domani dovrei incontrare i leoni marini e domenica i pinguini a Punta Tombo più a sud, dopo Trelew. Ecco, domenica ci sarà il vero cambiamento di percorso.

30 gennaio 2010

Puerto Madryn-Punta Loma-Puerto Madryn-Trelew

Un'altra giornata avventurosa! Percorso di sabbia e terra molto accidentato di 24 km (tra andata e ritorno) a Punta Loma: subito dopo il 4° km un razzino rotto, ma la vista dei leoni marini e dei cormorani è stata bellissima. Ne valeva la pena, poi subito dopo mi sono messo alla ricerca di un meccanico per la riparazione. L'ho trovato appena in tempo perché stava chiudendo, e anche la riparazione è riuscita alla perfezione. Quando siamo alla ricerca di qualcosa facciamo tante domande che ci fanno incontrare e conoscere gli altri. Per esempio nel bar in cui mi sono fermato per il rifornimento ho cominciato a chiedere dov'era un negozio di bici: nel giro di pochi minuti ero circondato da persone dispostissime ad aiutarmi, al punto che quasi non mi facevano più andar via dalle numerose domande che mi facevano. Le persone che ho incontrato fino ad ora sono sempre state gentili e questo è bello; italiani veri non se ne incontrano molti, ma tanti hanno parenti o discendono da italiani. Poi il ritorno sulla Ruta 3 con il ricordo ancora vivo del vento da paura di ieri. Oggi invece il vento soffiava di traverso ma era leggero. Quando sono arrivato dopo 100 km in tutto sono riuscito anche ad andare a messa. E domani a Punta Tombo pernottamento quasi sicuro in tenda, salvo altra indicazione della guardia della riserva. Mi dicono che c'è un chiosco all'ingresso della riserva per fare rifornimento, ma nel raggio di 120 km non c'è niente. Tranquillo!

31 gennaio 2010

Trelew-Punta Tombo

Ho fatto 123 km e ora sono con i pinguini. Qui non c'è campo, non so quando potrò inviare questo diario. Dormo all'entrata della riserva naturale in un garage senza porta, la gendarmeria mi ha detto che posso stare qui e mentre sto scrivendo mi passano davanti i pinguini cantando. Fino a poco fa nella riserva naturale dovevo stare attento a non pestarli... È il loro paradiso qui, ce ne sono tantissimi. E ho visto anche il "cugino" del lama, il guanaco.

Oggi ho perso la bandiera. Nei giorni passati pensavo: "La bandiera prima o poi la perdo". E pensavo anche sinceramente che mi sarebbe dispiaciuto, ma avendo dovuto apportare qualche riparazione per il sostegno spezzato il rischio era reale. Così questo presentimento si è realizzato. Quando è successo mi è

Punta Tombo è il vero paradiso dei pinguini.

dispiaciuto tantissimo, ma subito dopo ho pensato che mi ero liberato di una preoccupazione, in quanto in fondo la bandiera non era un bene vitale di cui non potessi fare a meno. Quante volte nella vita di tutti i giorni ci attacchiamo a certe cose che ci rendono schiavi? Sinceramente ho avuto la tentazione di tornare indietro per qualche km, ma mi sono chiesto: "Per cosa? per la bandiera? ma dai!".

Liberatomi alla fine da questo pensiero d'attaccamento, ho ripreso il mio cammino, ma il caso ha voluto che incrociassi una famiglia che mi aveva visto già a Puerto Madryn; vanno verso Trelew, ripercorrendo la strada che ho fatto io, in senso inverso, così chiedo loro di far caso lungo il tragitto a una bandiera perduta... Sì, l'hanno veramente trovata e sono tornati indietro a consegnarmela. Quando me l'hanno ridata... che gioia! Mi ero distaccato da quella bandiera, e averla avuta indietro mi ha permesso di sperimentare la bellezza della gratuità: un vero e proprio dono, qualcosa che avevo dato per perso e mai prevedevo di ritrovare. Come nella Bibbia, dove viene detto che un dono inaspettato vale il centuplo del suo valore reale.

La strada che porta qui domani dovrò rifarla per 60 km di cui 22 di sterrato. In questo tratto alcune auto si fermavano e mi domandavano se avevo bisogno d'acqua.

Sono qui e c'è una pace! È tutto così irreale! Il silenzio parla più di tante parole. Stasera la buonanotte la do ai pinguini.

1 febbraio 2010

Punta Tombo-Uzcudum

13 ore per fare 136 km! E da qui ad Ushuaia sarà sempre così, a sentire dai racconti delle persone che incontro. Il vento qua è un romanzo, un romanzo che mi fa fare tanta fatica. In queste zone è difficile anche trovare un *alojamiento*, perché ci sono solo poche case e molto distanziate tra loro. E bisogna accontentarsi. Ieri sera per esempio ho dormito in un garage senza porta; e stasera sono in una ex stalla, che almeno la porta ce l'ha. Dico ex perché gli animali non ci sono. Le persone che abitano in questa località sono cinque: una coppia a cui ho chiesto dove potevo dormire e i tre che gestiscono l'autoshop. Qua siamo in pieno deserto: è affascinante, d'accordo, ma viveri e acqua sono fondamentali, e non posso rischiare di restare a secco. Stamani avevo con me 11 litri d'acqua che equivalgono a 11 kg di peso... Dimenticavo di dirvi che stamani ho visto da vicino molti guanachi!

Ieri sera verso le 23 ho conosciuto una coppia di argentini, anche loro in viaggio. Si erano accampati con la loro roulotte vicino al garage dove dormivo, che chiacchieroni! Io ero già steso nel mio materassino, loro mi hanno illuminato con la torcia e da lì è iniziata una bellissima chiacchierata. Alcune volte trovi più affinità con persone che conosci da 10 minuti che con persone che conosci da una vita. Il telefono per il secondo giorno non ha segnale: è la Patagonia... Sono proprio stanco.

2 febbraio 2010

Uzcudum-Comodoro Rivadavia

Ogni giorno è un nuovo giorno, e quello che credevo ieri sera è completamente stravolto. Pensavo, visto il vento e la stanchezza di ieri, di fermarmi a Garayalde dove contavo di trovare un *alojamiento*, che invece si è rivelato solo un autoshop. A quel punto mi sono detto: "Vado avanti e anche oggi tenda o pernottamento di fortuna in un paese". E invece no: più pedalavo e meno trovavo: niente di niente! Malaspina è anche indicato dai cartelli stradali, ma è un paese fantasma. Pampa de Salamanca: due case di numero e una parilla (ristorante) abbandonata. Pico Salamanca: sei-sette case, non di più e... le persone dove sono?

Il tempo era brutto ed era già iniziato a piovere, la temperatura era scesa fino a toccare gli 8 °C. Che freddo! Non ero più abituato a queste temperature e poi così all'improvviso... Le

La prossima stazione di servizio è "soltanto" a 160 km...

mani mi si sono ghiacciate. Erano le 17:00, avevo fatto 170 km, ne mancavano 70 a Comodoro e ho avuto un momento di indecisione: che cosa si fa? Ma il vento era con me. Acqua e alimenti li avevo. Dovevo scendere di 600 metri, dovevo arrivare a Comodoro e ho deciso di andare. Sono arrivato alle 20:30 contento. E pensare che stamattina mi dicevo: a Comodoro con il vento ci arrivo in tre giorni, e invece eccomi qui!

3 febbraio 2010

Comodoro Rivadavia-Rada Tilly

Non voglio scrivere sempre di "quello là", il vento, ma in queste zone si va da un eccesso all'altro! L'obiettivo di oggi era arrivare a Caleta Olivia, ad 80 km da qui, dove mi stava aspettando la coppia di motociclisti conosciuta a San Antonio; ci ho provato ma è stato impossibile. Sono partito alle 9 vista l'ora tarda che avevo fatto ieri sera. Ma il vento soffiava a 60 km/h, con raffiche di 80… Quando me l'hanno detto, mi sono messo il cuore in pace (come mi è successo quando sono andato a Capo Nord) e ho deciso di fermarmi prima, dopo soli 21 km. Quando è così è impossibile andare avanti. Ieri ero stato fortunato: ero in mezzo al niente, ma il vento era assente e nell'ultima parte quel poco che c'era è stato favorevole. Questo paese, Rada Tilly, e Comodoro sono sì sull'oceano, ma in mezzo a montagne di sabbia naturali e desertiche.

Sono le 16:30 e approfitto per riposare un po', insolitamente invio il diario adesso e *mañana esperamos il viento*! *Dai fuerza*, che Ushuaia si avvicina!

Stamani prima di partire ho comprato l'insulina, perché più ci avviciniamo all'immensa Patagonia, più è difficile reperire certe cose. Finora le avevo inviate prima della partenza alle varie missioni.

4 febbraio 2010

Rada Tilly-Caleta Olivia-Fitz Roy

La meta finale si avvicina, sono in anticipo, ma non devo commettere l'errore di sentirmi arrivato: qualcosa può sempre succedere, e non c'è segnale per i telefoni cellulari...

Giorno tranquillo, dove ho potuto contemplare e fotografare i panorami immensi e desolati che caratterizzano questi posti. Le strade con gli orizzonti infiniti che non finiscono mai, con poche auto. Sono arrivato dopo 146 km a Fitz Roy, un paese di fermata sulla Ruta 3 con l'essenziale: un ristorante, un bungalow e una stazione di rifornimento dove regnano la pace e la tranquillità. A parte il vento, la Patagonia è questa, e a me piace. Deserto e silenzio qua vanno in simbiosi: nel deserto si perde tutto, tranne se stessi, mentre il silenzio è scoperta del nostro cuore. Ecco perché nel silenzio del deserto siamo più disposti ad ascoltare Dio.

I due motociclisti che dovevo incontrare a Caleta Olivia (non siamo riusciti a contattarci per telefono) mi hanno fatto una sorpresa! Si sono messi a cercarmi sulla strada, grazie al mio localizzatore satellitare, preoccupandosi un po' perché il segnale non era chiaro, così hanno chiesto alle persone se mi avevano visto e poi con mia sorpresa hanno bussato alla porta del bungalow! Cose del genere possono succedere solo qua perché le città sono poche. È incredibile. È stato un bell'incontro, ci siamo abbracciati e abbiamo cenato insieme, parlando come se ci si conoscesse da una vita.

5 febbraio 2010

Fitz Roy-Tres Cerros

Il niente continua. Ormai ogni fermata è obbligatoria perché prima e dopo è *nada* (niente). Dove viene indicato "cabina per telefono", vuol dire che i cellulari non servono. Sono partito alle

Incontro con motociclisti italiani.

6 di questa mattina e mi sono messo a dire il rosario con il libretto mariano attaccato al manubrio che mi ha aiutato molto. Sto incontrando molti motociclisti; oggi due italiani e ieri un brasiliano. Con loro si fanno chiacchiere e ci si scambia informazioni molto utili sul percorso e sugli alloggi; informazioni più utili per me, visto che loro 100 km li fanno in meno di un'ora, mentre oggi io, per esempio, ho fatto 133 km in tutto. Fino a ieri pensavo che avrei dormito in tenda, invece ho trovato un buon *alojamiento*. Tres Cerros non è un paese ma ha le tre cose fondamentali: *alojamiento*, ristorante, stazione di rifornimento e poi... il niente! Mi sento arrivato, ma non ancora.

6 febbraio 2010

Tres Cerros-Puerto San Julián

I guanachi e i piccoli struzzi (sono veloci, andranno a 30-32 km/h) sono stati la mia compagnia. Mi sono divertito a trovare lo scatto fotografico e la ripresa video migliore. Spettacolare quando un gruppo di guanachi mi ha attraversato la strada: ho urlato di gioia intensa e li ho ripresi in bici! Vento a favore e vai. Segnalo la rottura di un razzino dopo circa 120 km, a 40 km da Puerto San Julián, dalla parte della ruota posteriore dove non posso intervenire: ora la bici necessita l'intervento di un meccanico. A trovarlo mi ha aiutato un uomo che mi è venuto a cercare perché sua moglie aveva sentito che chiedevo informazioni sul meccanico. Mi ha detto che lui mi aveva visto sulla strada nel momento del vento da paura per Puerto Madryn. Come è piccolo il mondo! E non è il primo che mi dice di avermi incontrato sulla strada.

In questo momento vorrei fare un ringraziamento speciale alle Missionarie. Grazie per avermi lasciato andare da solo nel niente della Patagonia (so che sarebbe stato un piacere per loro accompagnarmi) ma è nella solitudine di questi viaggi (che rac-

A volte la strada sembra senza fine. Mi piace così!

chiudono sofferenza, fatica, incertezza, il sentirsi vulnerabili, ma anche gioia e soddisfazione) che in questi anni ho ritrovato Dio. In queste strade e questi paesaggi deserti, questi orizzonti infiniti, sento e provo (con la preghiera più assidua) che il mio rapporto con Gesù e Maria si rafforza. Poi non so, ma c'è qualcosa di magico: affidarmi completamente a lui, sentirlo molto più vicino. Grazie ancora.

Ushuaia si avvicina, sono in anticipo sul programma e ho in mente un cambiamento di percorso: domani lo comunicherò a tutti quelli che mi seguono, segnale del telefono permettendo, perché nel deserto di solito non c'è campo...

ORA	GLICEMIA	INSULINA
2:00	266 mg/dl	rapida 3 unità
5:00	185	rapida 2 unità
7:00	124	–
7:30	104	–
8:00	140	–
10:23	58	–
14:50	53	–
16:30	220	rapida 2 unità
20:30	116	rapida 7 unità /20 unità rilascio lento 24 ore

7 febbraio 2010

Puerto San Julián-Comandante Luis Piedra Buena

Stamani sono partito alle 7:20 e sono arrivato alle 22:05! 14 ore e 45 minuti per fare 126 km. Sono stremato. Mai mi era capitata una giornata così! Una pedalata sempre al massimo dello sforzo con un vento sempre in aumento. 60 o 70 km/h, non so. Per 10 minuti ho preso anche pioggia mischiata a grandine. Ogni ora mi misuravo la glicemia che era sempre sotto i 100 mg. Ho mangiato tutto quello che avevo: barrette, panini, snack, cioccolata, dose quotidiana di caramelle di zucchero, praticamente la colazione e la scorta di due giorni! L'unica risorsa erano le caramelle di zucchero che tenevo come ultima riserva, che però non riuscivo a trovare, avendole messe in fondo alla valigia. Ho guardato e ispezionato il bagaglio per ben due volte senza riuscire a trovarle, con il vento che complicava la faccenda. Mi è preso al momento un po' di panico, mi erano indispensabili, ma ero sicuro di averle! Finalmente al terzo tentativo saltano fuori e non vi dico l'urlo di esultanza che ho emesso rinnovando la sfida al vento: "Vieni vento, non mi fai paura".

A 20 km dalla meta un automobilista si è fermato (davvero un angelo che mi ha mandato Dio...) e mi ha chiesto come poteva aiutarmi. Si è messo davanti a me per tagliarmi il vento. Poi gli ho chiesto di andarmi a recuperare alimenti solidi (di acqua ne avevo ancora 5 litri). Inizialmente non voleva andare, e mi offriva le sue patatine... gli ho dato dei soldi ma non li ha voluti. Lui è andato a prendermeli e poi ha mandato un'altra persona che veniva in senso opposto a consegnarmi due panini e un po' di cioccolato. Probabilmente ce l'avrei fatta lo stesso, ma psicologicamente è stato un grande aiuto. Questa ragazzi è la Provvidenza!

Un paio di volte prima si era fermato un uomo chiedendomi sempre se avevo bisogno, ma era un po' strano: mi chiedeva indicazioni per dove doveva andare e... le chiedeva proprio a me? Passi la prima volta, ma la seconda volta no, dai! Per la stanchezza e l'ora tarda che si stava facendo avrei potuto fermarmi, ma dove? Non c'era nemmeno un albero dove potermi riparare. E la tenda con questo vento era impossibile montarla.

I miei stati d'animo in questi momenti? Tanti. Diciamo che ha prevalso il "non mollare mai", ma la paura c'è stata, così come la forza in più che è scaturita dalla preghiera del rosario. Una preghiera che al contrario di quando sei nella comodità di casa tua, è molto più intensa e profonda. Sono stremato, penso che domani riposerò. Una giornata che non dimenticherò mai!

ORA	GLICEMIA	INSULINA
2:10	261 mg/dl	rapida 3 unità
5:20	46	–
6:46	156	rapida 2 unità
9:44	72	–
10:47	107	–
12:30	52	–
13:53	55	–
14:52	78	–
15:26	83	–
16:12	62	–
17:35	52	–
18:45	63	–
19:57	58	–
21:03	56	–
22:21	95	rapida 4 unità /20 unità rilascio lento 24 ore

8 febbraio 2010

Comandante Luis Piedra Buena

Oggi riposo. C'è tanto vento, come ieri, ma oggi sarei stato fermo anche con minor vento. Ho la faccia lisa dall'avventura di ieri, e mi brucia. Stamani appena alzato mi sono reso conto di avere dolori in ogni parte del corpo, dolori che mai avevo avuto prima… Ho ripensato a quello che ho fatto ieri: sempre una pedalata al massimo, dove ogni chilometro era un successo!

9 febbraio 2010

Comandante Luis Piedra Buena

Riposo forzato. Ieri ero stato fermo per scelta, per riposarmi dopo la tappa tremenda di domenica, e oggi sono fermo per "quello là", il vento! Sono in camera e sta soffiando. È la sua natura, qui nella Patagonia degli spazi infiniti. A piedi si fa fatica a camminare: siamo sui 70 km/h con raffiche oltre gli 80. E domani il bollettino mette 90 km/h con raffiche di 100... Speriamo di no!

Poco fa sono andato al ristorante che dista 500 metri dall'hotel e il vento quasi mi porta via, avete presente gli astronauti sulla luna che fanno i movimenti al rallentatore? Be', c'è un tempo per andare, uno per venire, uno per pensare ecc. Questo per me è il tempo di aspettare. E io aspetto, sono costretto. Mancano circa 850 km a Ushuaia, ma ho in mente una variazione: voglio andare al ghiacciaio del Perito Moreno, il simbolo della Patagonia, visto che sono in anticipo sul programma e ho l'aereo a fine mese. Così i chilometri diventano 1.550. Forse sto chiedendo troppo alla Provvidenza? Vedremo.

Intanto ho tempo per pensare e riflettere e mi viene spontaneo dire ancora grazie a tutti quelli che mi sono stati vicini, per aver moltiplicato le speranze dello scopo di questo viaggio.

Aggiornamento velocità vento: mi dicono i gestori di questo hotel che siamo a 100-120 km/h e domani prevedono che sarà uguale...

10 febbraio 2010

Comandante Luis Piedra Buena

Purtroppo anche oggi "quello là" mi ha obbligato a star fermo. Era un po' meno forte rispetto a ieri, ma da 100 a 70 km/h cambia poco per me e rimane impossibile proseguire. Domani le previsioni sembrerebbero migliori, ma c'è chi dice una cosa e chi ne dice un'altra. Vedremo. Mi sto stancando di aspettare. E la glicemia sta impazzendo a stare fermo. Domani parto!

Qui ho fatto molte amicizie tra cui un italo-argentino e una giornalista di qua che pubblicherà l'intervista che mi ha fatto. Allora domani... via col vento.

ORA	GLICEMIA	INSULINA
0:30	278 mg/dl	rapida 3 unità
3:30	253	rapida 3 unità
7:00	96	rapida 6 unità
10:00	159	–
11:00	155	–
12:30	146	rapida 8 unità
14:00	177	rapida 3 unità
16:30	257	rapida 3 unità
18:00	389	rapida 8 unità /20 unità rilascio lento 24 ore
19:10	137	–
20:29	133	–
22:00	131	–

11 febbraio 2010

Comandante Luis Piedra Buena-Le Marchand

Prima di partire il personale dell'hotel a gestione familiare mi ha regalato un souvenir con tutte le loro firme e un pensiero molto bello, mentre l'italo-argentino mi ha pagato il rifornimento di alimenti e mi ha scortato per un paio di chilometri. Era l'ora di ripartire! Ma non pensate che il vento abbia mollato... Diciamo che mi ha lasciato partire; oggi la tappa è stata di 104 km, e farne altri 50 sarebbe stata molto, ma molto dura, complice anche una gamba "non buona" dopo tre giorni di fermo!

Quel cambio di percorso che avevo in mente non lo farò, perché sicuramente mi ritroverei a viaggiare controvento, e provo un po' di stanchezza; quindi la prudenza e la benedetta Provvidenza (riuscirei ad arrivare ad Ushuaia il penultimo giorno prima della partenza dell'aereo) mi consigliano di andare direttamente verso la meta finale, Ushuaia: "la fine del mondo". Sono pronto. *Vamos*.

12 febbraio 2010

Le Marchand-Río Gallegos

Siamo alle porte della Tierra del Fuego. Oggi "quello là" era assente e... come si va bene! Non mi sembrava vero. Così ho fatto 147 km. A Guer Aik sarei potuto andare in direzione del Ghiacciaio del Perito Moreno, ma non me la sono sentita. Ma non è ancora detta l'ultima parola. Potrei essere tra cinque giorni alla meta, così avrei otto giorni prima dell'aereo. E se domani il vento e le mie sensazioni mi portassero a quel cambiamento di percorso? Non lo so, domani vedremo, sarà una sorpresa anche per me!

13 febbraio 2010

Río Gallegos-Monte Aymond

Per mancanza di segnale il diario di oggi è dettato direttamente tramite telefono satellitare. Il Perito Moreno è bocciato definitivamente. Pensavo di andare invece... "quello là" ancora una volta! Ho aspettato un po' ma mi sono reso conto che non c'è niente da fare. Dispiaciuto, ho subito imboccato la strada per Ushuaia, dove il vento ha dato il meglio di sé. Senza contare i 10 km di Río Gallegos, oggi 68 km in 9 ore! Impressionante...

Mi sono fermato qui, a 30 km da un possibile alloggio, per impossibilità di andare avanti. Sono in una baracca della gendarmeria, tra gomme, motori e altri utensili, ma ho tutto il necessario con me (panini e acqua). C'è una porta che chiuderò di notte ingegnosamente con un fil di ferro e un tavolo per sorreggerla. Nessuno ha notato la mia presenza qui, sono le 18:30, quindi è possibile che se qualcuno mi vede mi faccia sloggiare. Accanto alla baracca c'è una tana di puzzole: non sembrano particolarmente infastidite dalla mia presenza.

Sono a 1 km dal confine con il Cile, e ho notato una cosa curiosa, sempre dovuta al vento: alla dogana le automobili sono parcheggiate a lisca di pesce, parallelamente alla direzione del vento, in modo da poter aprire la portiera! Questo vento non fa sconti proprio a nessuno...

Questa notte dormo qui: impossibile trovare di meglio.

ORA	GLICEMIA	INSULINA
0:45	104 mg/dl	–
5:14	191	–
6:00	204	rapida 3 unità
6:51	182	rapida 2 unità
9:00	260	rapida 3 unità
9:23	119	–
10:30	84	–
11:50	109	–
13:21	134	–
16:00	119	–
16:27	102	–
19:00	120	–
20:40	83	/20 unità rilascio lento 24 ore

14 febbraio 2010

Monte Aymond-Cerro Sombrero

Questa notte le puzzole mi sono venute a trovare spesso: nessun problema, a parte la preoccupazione per il rumore che mi ha svegliato un paio di volte.

Comunque, appena pronto, partenza!

Colazione limitata a un caffè in frontiera, 40 km in 5 ore, poi 16 km per arrivare alla Balsa in 45 minuti, poi Estrecho de Magallanes, Balsa, poi 10 km contro, traverso e alle 18:30 in hotel, osteria e vai, domani sterrato.

Giornata difficile, con soli 30 km di vento accettabile (nei cambi di direzione): totale km 103. Sono nella Tierra del Fuego, ho attraversato lo stretto di Magellano e sono in Cile. Manca il segnale. Spero che domani sia disponibile: *Diabetes no limits*, ma *vientos limits*.

ORA	GLICEMIA	INSULINA
0:50	103 mg/dl	–
3:00	51	–
6:00	117	–
6:30	116	–
7:00	127	–
8:27	253	–
9:37	159	–
10:08	120	–
12:00	225	rapida 3 unità
14:32	139	–
17:04	130	–
20:08	144	–
23:31	197	rapida 6 unità /20 unità rilascio lento 24 ore

15 febbraio 2010

Cerro Sombrero-Cullen-San Sebastián (Cile)

Anche oggi il segnale è assente, ma il localizzatore satellitare funziona e ha permesso alla Missionaria Graciela di vedere dove mi trovavo, così mi ha chiamato al telefono dell'hotel durante la prima colazione. Con il localizzatore GPS, non sarebbe stato possibile (volendo) fare il "furbetto" dicendo una cosa per un'altra, come "sono a Firenze", invece che a Roma: comunque sarei stato sgamato.

Oggi bellissima giornata, 106 km, e sul tratto di strada sterrato ho contato sulle dita di una mano le macchine che sono passate. Un tratto difficile e isolato, ma il panorama era stupendo, affascinante. Sono alloggiato in un tipico ranch della Tierra del Fuego. Mi sono gustato ben due porzioni dell'*oveja/cordero* (pecora/agnello), una specialità di queste terre. E tutto va. Ushuaia meno circa 330 km.

Una strada cilena attraversata da guanachi.

16 febbraio 2010

San Sebastián-Río Grande-50 km oltre Río Grande

Lasciato il Cile, dopo uno sterrato di circa 130 km (145 km in totale, oggi), ho deciso di fermarmi e pernottare in tenda; è una sistemazione cercata e voluta. Mi devo organizzare bene: stanotte farà freddo. Stamani appena partito c'era 1 °C, senza vento (è il secondo giorno che mi grazia). Anche oggi non c'è segnale. Sono immerso nella natura; i guanachi mi passano davanti e io cerco di riprenderli con la telecamera. Dormire in tenda nel silenzio assoluto, aspettando prima di coricarsi che il sole sia tramontato, gustandosi un panino e contemplando ogni attimo la natura che ti circonda e contemporaneamente te stesso, il tuo respiro, il tuo essere, il tuo io, sentendosi poveri ma ricchi, perché nella semplicità di quello che hai ti senti appagato e non desideri niente di più. La ricchezza non è tanto il possedere beni materiali, ma essere soddisfatti di quello che

Monto la tenda qui, in mezzo al niente. Silenzio assoluto... Affascinante...

La mattina dopo la brina imbianca la vegetazione: fa freddo.

abbiamo e soprattutto non desiderare di più di quello che ci è necessario. L'uomo è ricco delle cose di cui riesce a fare a meno. Se tutto va, domani Ushuaia sarà. Sono pronto.

17 febbraio 2010

Arroyo de Los Patos-Tolhuin-a 25 km da Ushuaia

Dopo diversi giorni, torna il segnale e riesco finalmente a riprendere i contatti via SMS. Ushuaia è rimandata a domani, mancano appena 25 km! Durante la notte sono uscito un paio di minuti per contemplare il cielo stellato: la temperatura era circa 4 °C sottozero, c'era silenzio, silenzio e poi ancora silenzio. Le stelle nel buio più assoluto sembrano molto più vicine tanto da poterci parlare. Il risveglio è stato piacevole, la brina aveva ricoperto tutto di bianco, e si è resa necessaria una bella corsetta a piedi per riscaldare il corpo un po' infreddolito.

La meta è vicina, e arrivarci sarà bello, ma come nella vita, qualsiasi percorso facciamo, che sia la meta finale o il progetto stesso che si realizza, è un'emozione. Ed è durante la costruzione che si vive un'infinità di emozioni. Ecco, arrivando domani, allungo le emozioni. Sono in tenda anche stasera, nascosto in un bosco, a lato della Ruta 3 che percorro da Buenos Aires (oggi per 137 km). In questi giorni ho fatto tantissime fotografie. Domani ad Ushuaia ci sarà l'accoglienza delle Missionarie e poi... non so! Mi sembra di vivere in un sogno, a volte.

18 febbraio 2010

Tierra Mayor-Ushuaia-Lapataia (fine della Ruta 3)-Ushuaia

Sono arrivato. Missione compiuta. Dopo la notte nel bosco, stamattina partenza alle 7:00, attraversati posti bellissimi, un bello sterrato per arrivare a Lapataia alla fine della Ruta 3, al Parco Nazionale della Tierra del Fuego, ho fatto tante foto, ho incontrato tanti italiani (non manca mai il diabetico di turno), sono tornato a Ushuaia, dopo 79 km. Sono appena arrivato, e già comincio a pensare di dover tornare e riadattarmi alla vita di tutti i giorni. Un po' mi dispiace. E infatti ho ignorato volutamente Ushuaia la prima volta, andando oltre, per continuare l'emozione di questo viaggio. Foto davanti al cartello di Ushuaia. Sono in compagnia di Graciela, Natalia e di un'altra Missionaria (delle comunità di Buenos Aires e Olavarría venute apposta per l'occasione). Quest'ultima ha un nipote che lavora in questo ultimo lembo di terra il quale ha due figli piccoli, Facundo e Simón di 7 e 3 anni, che mi ricordano molto la mia infanzia perché come tra mio fratello e me ci sono quattro anni di differenza e tutto quello che fa il fratello grande lo fa il piccolo approfittando, come facevo un po' anch'io, delle minori responsabilità... Vivono nella semplicità con l'essenziale e dove si mangia in 4 si mangia in 5 o 6...

Fine della strada numero 3. Oltre non si può più andare.

Missione compiuta. Alla "fine del mondo" finisce anche il mio viaggio.

20 febbraio 2010
Ushuaia

Ora che sono arrivato alla "fine del mondo" mi mancheranno queste giornate di sofferenza, di fatica, di gioia, di "quello là", il vento, così come mi mancherà scrivere questo diario e il rapporto che ho instaurato con le persone che ho conosciuto, anche solo per SMS. A giro concluso, vi rivelo una cosa: nei giorni di sosta, a Montero, Campo Grande, San Paolo, Buenos Aires e Olavarría, mi si gonfiavano i piedi ma una volta in bici, come per magia, tutto rientrava nella norma. Sarà stato sicuramente il caldo, perché in passato non mi era mai capitato.

Ora è ri-iniziata l'altra vita (senza bici) e, come mi ha detto una persona a me cara, "La nostra vera conquista è vivere in perfetta letizia in qualunque situazione ci troviamo a vivere e confrontarci". Un pensiero speciale a Gesù e Maria che mi han-

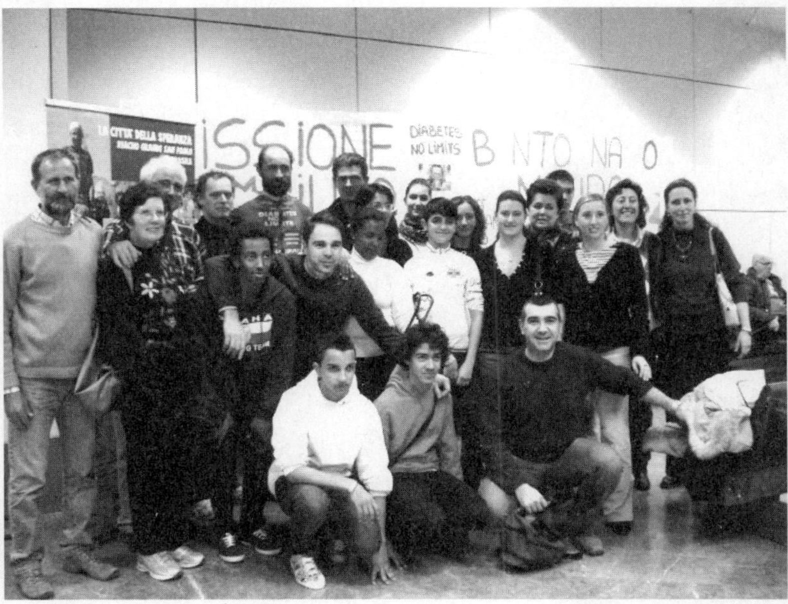

Sono tornato: Missionarie, amici e famiglia mi accolgono all'aeroporto di Bologna.

no dato la bicicletta per conoscermi di più, per amare di più la vita, il mio prossimo e tante altre cose che non trovo le parole per descrivere.

Il mio rientro in Italia è previsto per il 2 marzo, nel frattempo passerò qualche giorno a Ushuaia e poi qualche giorno alla *Città della Speranza* a San Paolo, se riuscirò a trovare un cambio di volo da Ushuaia. Questi voli internazionali una volta fissati è un'avventura cambiarli! Sono due giorni che ci stiamo lavorando; dobbiamo riuscirci: Padre Sebastiano mi aspetta.

Ecco qualche numero del mio viaggio:

80 giorni per percorrere da La Paz ad Ushuaia
9.286 km percorsi, di cui 550 km di sterrato o terra
65 giorni di pedalata
142 km media giornaliera
11 giorni passati nei centri delle Missionarie e Padri
1 giorno stavo poco bene
3 giorni fermo a causa del vento
17 forature
4 copertoni nuovi
8 raggi ruota spezzati

Questo invece il mio equipaggiamento da viaggio:

2 borse anteriori
2 borse posteriori
1 borsa manubrio
1 borsa rettangolare posteriore
1 marsupio
1 bandiera con scritta "Diabetes no Limits" con bandierine italiana, boliviana, brasiliana, argentina e cilena con il logo dell'AIPK
11 borracce
2 mini pompe bici
1 pompa leggera grande bici

L'abbigliamento era così composto:

2 maglie maniche lunghe invernali
1 maglia manica lunga primaverile
2 pantaloni invernali
3 maglie estive
2 pantaloncini corti
3 maglie intime
5 paia di calzini estivi
1 paio di calzini invernali

3 mutande
3 fasce testa
2 bandane copricapo
3 bandane
1 tuta
2 impermeabili
1 pantalone impermeabile
4 paia di guanti: 1 invernale, 2 mezza stagione, 1 estivo
1 copriscarpa invernale
2 copriscarpa impermeabili
1 paio scarpe bicicletta
1 paio tennis
1 paio ciabatte
1 tenda
1 materassino gonfiabile
1 sacco a pelo (comprato a Puerto San Julián in Patagonia)
1 casco
1 paio occhiali
3 luci testa
1 nastro adesivo
vari gommini

Elettronica:

1 telefono satellitare
1 localizzatore GPS
2 telefoni cellulari
1 macchina fotografica digitale
1 videocamera digitale
1 orologio contagradi e altimetria

Cartaceo:

1 Messalino
1 libretto Mariano
1 quaderno diario

Varie foto dei piatti (pasta, riso, ecc.)
Vario cartaceo con informazioni
1 cartina Bolivia
1 cartina Brasile
1 cartina Sud America
1 cartina Argentina
1 cartina Patagonia

Farmacia:

1 flaconcino crema solare
1 flaconcino crema piedi
1 flaconcino crema sotto sella
1 flaconcino crema viso
2 flaconcini crema antizanzare
Pasticche per l'altura, mal di gola, mal di testa, febbre, diarrea, malaria, generici antinfiammatori, cerotti, bende, cicatrizzanti, collirio, burro cacao, nastro da farmacia
Dentifricio, spazzolino, rasoio, tagliaunghie, forbicine

Per il diabete (quantità totali. Da considerare che l'approvvigionamento è avvenuto anche durante il tragitto, a San Paolo e Olavarría):

450 aghi per penna insulina (esempio: 150 alla partenza, 150 inviati e presi una volta arrivato alla missione di San Paolo e gli altri 150 sempre inviati e presi alla missione di Olavarría)
1100 strisce per misurazione glicemia
5 strumenti misurazione glicemia
2 glucagoni
50 aghi pungi dito
50 salviette disinfettanti
300 zollette di zucchero miste alla frutta
300 bustine di sali minerali
100 bustine di integratori
penne monouso insulina

Per la bicicletta (anche in questo caso l'approvvigionamento dei copertoni e camere d'aria è avvenuto durante il tragitto a San Paolo e Olavarría):

15 camere d'aria 23 c (5 alla partenza, 5 inviate e prese una volta arrivato alla missione a San Paolo e le altre 5 prese e inviate alla missione a Olavarría)
6 copertoni 700x23 c
3 copertoni 700x25 c
2 copertoni 700x32 c
3 camere d'aria 32 c
4 tacchette freni
1 flaconcino olio catena
1 flaconcino liquido pulisci catena
5 raggi ruota
1 catena antifurto bici
filo freno, filo cambio, fil di ferro, varie viti, brugole, cacciaviti, chiavi, smeriglia catena

Non calcolabili invece: le grazie ricevute; i ringraziamenti che dovrei fare; e poi... spero fortemente che da "Una bici mille speranze", le speranze si siano concretizzate, augurandomi che piano piano, con la grazia di Dio, la *Città della Speranza* diventi una grande realtà per la popolazione di Riacho Grande di San Paolo.

Le cose più belle nella vita per quanto possibile non possono essere né raccontate, né viste, né toccate: vanno sentite dentro, dentro al nostro cuore.

Mauro si racconta

Mauro, facci una breve autopresentazione.

Nel 1984, all'età di 11 anni, mi fu diagnosticato il diabete. Sono diabetico insulino-dipendente da 26 anni. Nei primi anni di malattia non ho mai accettato il diabete, non ne parlavo mai, anche perché a quel tempo il diabete era poco conosciuto e i diabetici erano meno di oggi. I miei amici lo sapevano, ma io cercavo di nasconderlo. A casa non mi lamentavo mai, anche se i valori della glicemia erano costantemente instabili, arrivando ad avere un valore di emoglobina glicata (HBAIC) dell'11% quando doveva essere intorno al 7%. Il mio dottore e la mia famiglia mi sollecitavano a tenermi più controllato, ma io non ne volevo sapere. Il fisico quando è giovane sente meno la malattia e a me non importava nulla.

Iniziai a lavorare subito dopo le scuole medie in una fabbrica del mio paese e lo sport era una passione. Già prima dell'insorgere della malattia facevo molto sport, calcio e soprattutto bicicletta, ma successivamente non riuscivo a rendere al massimo. A quel tempo gareggiavo nei giovanissimi ma purtroppo, anche a causa dell'orario di lavoro, ogni tanto dovevo rinunciare ad uscire in bicicletta. Per giunta i dottori mi consigliarono di abbandonare l'attività fisica a causa del diabete! Il mio non accettare la malattia era ancora più forte perché non mi permetteva di fare le cose che mi piacevano.

Dopo 12 anni passati nel settore calzaturiero la ditta dove lavoravo chiuse e rimasi senza lavoro. Ben presto però trovai occupazione nel settore alberghiero. Un lavoro che aveva due turni orari, dalle 7:00 alle 14:30 e dalle 14:30 alle 22:00 compresi sabato e domenica: la cosa non mi entusiasmava. A quel tempo avevo 27 anni e nel fine settimana mi piaceva uscire con gli amici, divertirmi. Cercai comunque di vedere il lato positivo: durante il giorno avevo molte ore libere e potevo coltivare di nuovo la mia passione, la bicicletta.

Crescendo ho capito che se non seguivo determinate regole e determinati comportamenti con il tempo avrei pagato le conseguenze che il diabete può avere sulla vita di una persona che non lo cura. Con l'esperienza capisci che ci sono cose che vanno accettate, soprattutto quando si ha a che fare con la malattia.

Quindi la cosa difficile del diabete è la sua gestione.

Gestire la glicemia, il diabete, l'insulina… non è per niente facile. Quando sei in ipoglicemia devi subito mangiare, integrare con zuccheri, altrimenti sei debole, spossato, rischi di svenire. Dall'altra parte, in iperglicemia devi iniettarti l'insulina, hai sete, hai bisogno di andare in bagno per urinare, ti bruciano gli occhi, ti senti stanco. È la classica coperta corta: tiri da una parte, ti scopri dall'altra. Ed è una gestione costante, che va fatta tutti i giorni, senza mollare mai.

Come hai scoperto di essere diabetico?

Andavo sempre in bagno a urinare, bevevo tantissimo, ero molto dimagrito, ero debole… I miei genitori dopo la visita dal dottore generico mi portarono in ospedale, e mio padre mi dovette prendere in braccio per arrivare al primo piano; non riuscivo nemmeno a fare le scale!

Avevo 11 anni, ed è stata l'unica volta che ho visto mio padre piangere.

I dottori mi hanno misurato la glicemia… chissà a quanto era! A mille!

In viaggio come lo gestisci?

Be', in quei giorni fai tante misurazioni perché se sei in "ipo" o in "iper" la pedalata non è buona. Poi consumi tanto, allora devi mangiare... e quando stai fermo, non mangi e la glicemia va alta da per sé... È un'altalena che deve essere gestita bene. Io, essendo insulino-dipendente, non posso rischiare di rimanere senza l'ormone dell'insulina, mentre chi non ha il diabete non ha problemi perché il pancreas produce l'insulina normalmente. Se in viaggio mi rapissero gli indios, come farei a spiegare che ho bisogno di insulina? Magari mi darebbero delle loro erbe medicinali... be' morirei.

In Italia com'è la situazione per i malati di diabete?

Siamo fortunati. Naturalmente le realtà territoriali sono diverse da regione a regione, ma siamo messi bene. Anche perché l'insulina ai diabetici di tipo 1 come me la passa lo Stato. In altri Paesi del mondo la mia malattia è una condanna a morte, sia come livello di cura che dal punto di vista economico.

Anche se devo dire che la parola malattia non mi piace, perché la vedo penalizzante nei confronti dei soggetti diabetici: preferisco usare "condizione di vita".

Il rapporto tra alimentazione e diabete sembra casuale...

Il bello è proprio qui: se oggi faccio la stessa vita di ieri, le stesse identiche cose, i valori della glicemia potrebbero essere completamente diversi! Il diabete è influenzato per esempio dalle emozioni, da come vivi le cose che stai facendo, dall'umore che hai alla mattina quando ti svegli... E il fisico reagisce in maniera diversa. Spesso non c'è una spiegazione a certi valori che ti ritrovi, per questo dico che il diabete è un po' pazzo.

Però lo devi accettare.

Sì. Se si cade e ci si fa male al ginocchio, è inutile fermarsi a piangere per il ginocchio. Importante è rialzarsi, proseguire e capire perché sei cascato, così la prossima volta non ti succederà più, mentre una volta che ti è successo, ti medichi e vai. Trovare il colpevole, se c'è, e piangere non serve a niente.

Nella vita quotidiana può succedere di dimenticarti di essere diabetico?

No. Fa parte di me. A tal punto che se mi dicessero che hanno scoperto la cura per eliminare il diabete un po' mi dispiacerebbe! Naturalmente questo lo dico ora che ho imparato a gestire il diabete. Nei primi anni, quando ne ero succube, avrei certo voluto trovare il rimedio definitivo! Poi è ovvio che una cura sarebbe un bene per l'umanità e anche per me, nonostante ora io il diabete lo domini pienamente.

Per te non è un limite, quindi.

Il diabete se accettato e gestito non è un limite. Naturalmente, per essere esatti non è proprio così! Per esempio l'essere umano è già un limite: se abbiamo freddo e non ci vestiamo... è un limite. Se con l'automobile in curva non rallentiamo... è un limite. Se con il nostro prossimo siamo sempre sgarbati... è un limite. Quando cuciniamo e non sappiamo le dosi... è un limite. Così è il diabete: se non lo gestiamo correttamente (perfetti comunque non lo saremo mai) è un limite.

Qual è il tuo rapporto con la religione, prima e dopo il diabete?

Vengo da una famiglia di cattolici praticanti, e nell'infanzia anch'io andavo a messa. Poi verso i 17-18 anni mi sono un po' allontanato. Credevo sempre, ma un po' a modo mio, frequentando la chiesa in maniera un po' irregolare. Ora invece ho riscoperto la fede e il contatto con Dio, grazie anche ai giri in bicicletta. È la cosa più bella di questi giri qui.

Ora è la preghiera che mi dà forza, tolleranza e pazienza, e non mi fa sentire la mancanza delle cose materiali di cui avevo bisogno prima.

Quindi la fede ti ha cambiato il carattere?

Be', io sono un tipo istintivo, però ora mi dico sempre: "ma Gesù come si comporterebbe in questa situazione?". Lui non sarebbe mai stato sgarbato con una persona, quindi io non lo devo essere.

Questo "riavvicinamento" alla religione è conseguenza del diabete?

No. Anzi in un primo momento il diabete mi aveva fatto allontanare! Come non avevo accettato il diabete e non ci parlavo, così non parlavo con Dio. Avendo poi io di carattere la tendenza ad andare controcorrente, in quel periodo più mi si diceva di fare una cosa, più io facevo il contrario. Diciamo che picchiando sempre la testa contro il muro, a volte ci si fa bene, purché si riesca a vedere dove si sbaglia.

Adesso?

Adesso ci rifletto un po' di più… prima di fare comunque di testa mia!

Ma il diabete ha influito o no?

Io credo che niente avvenga per caso. Evidentemente il mio diabete è un disegno anche quello. È una condizione di vita, che ho accettato.

Bisogna perdere tante volte, essere sconfitti, per capire dove si sbaglia.

Come hai cominciato ad andare in bicicletta?

Sono una persona testarda e mi piace andare controcorrente. Se qualcuno mi dice destra vedo se posso andare a sinistra. I medici mi sconsigliavano di gareggiare in bicicletta e invece io non li ascoltavo, la bici era la mia passione e non volevo rinunciarci. Pian piano poi è maturata in me la voglia di unire questa mia passione, la bicicletta, a qualcosa che potesse aiutarmi in una crescita interiore, personale, dell'anima: viaggiare.

Dei tuoi viaggi precedenti parliamo alla fine del libro. Ma tu perché fai questi viaggi? Ti piace il viaggio in sé o viaggi per portare il messaggio del diabete?

Fin dall'adolescenza ho sempre fantasticato di partire un giorno in bici, a piedi o in moto e di girare il mondo. E da quando ho cominciato a viaggiare (nel 2002) è stato lo spirito di avventura e di ricerca il motore principale che ha animato i miei giri.

Ogni anno gradualmente poi si sono associati altri importanti obiettivi come la divulgazione e la raccolta fondi. Per me questi giri valgono più di qualunque somma vinta al Superenalotto. Non cambierei mai questa vita nemmeno per cento milioni. Per me viaggiare in solitaria è importante perché mi permette di relazionarmi meglio con gli altri: più conosco me stesso più riesco ad andare incontro all'altro.

Questo è il motivo per cui viaggi?

È uno dei motivi. Poi c'è la sfida con me stesso: se mi dicono che qualcosa è impossibile… io mi ci butto subito! Ma ci sono altre mille ragioni: voglio conoscere altre realtà, voglio portare il messaggio del diabete, mettermi alla prova…

Come scegli la meta dei tuoi viaggi?

In questi viaggi ho sempre avuto come meta dei santuari.

È la fede che ti spinge?

Sono un credente, anche se dico sempre che non ho abbastanza fede, ma certo questi viaggi mi hanno aiutato ad averne sempre di più. Non mi ritengo un modello. Fare questi giri in solitaria mi porta a valutare meglio me stesso, e sento Dio più vicino. Durante il tragitto, a contatto con la natura, le cose e le persone, sento dentro il desiderio di stare con Lui. La fede mi aiuta a superare gli ostacoli quotidiani, a vedere una soluzione anche quando la logica apparentemente non la trova! Bisogna imparare a vedere oltre i problemi e al tempo stesso lasciarci guidare.

Questi viaggi sono un'esperienza "totale".

Considero questi viaggi dei veri e propri viaggi dell'anima perché racchiudono gioia, sofferenza, interiorità, razionalità, irrazionalità e al tempo stesso sono una sfida continua, nella consapevolezza dei miei limiti.

Sembra comunque importante per te tornare a casa…

In realtà quando sono a casa io faccio fatica!

Fatica? In che senso? Più che a fare migliaia di chilometri in bici?

Be', devo riadattarmi alla quotidianità, allo schema della società "progredita", all'orologio, che ci fa andare sempre di corsa, ma per cosa? Anche se ne faccio parte, non condivido molte cose. La maggior parte delle persone della nostra società la vedo stressata, infelice e piena di problemi. Secondo me il difetto maggiore è non riuscire ad apprezzare il presente, mentre l'esserci e vivere il momento presente sarebbe già un motivo di gioia. Mi viene in mente il passo del Vangelo dove le sorelle Marta e Maria accolgono Gesù: Maria ascolta con piacere dando priorità alla cosa più importante mentre Marta indaffarata si lamenta per le molte cose che deve fare. Chissà quante volte (a partire dal sottoscritto) diamo priorità a cose non vitali e poco importanti.

Tornando ai tuoi viaggi, chi fa imprese come le tue è considerato un "matto".

Be' del matto me l'hanno dato tutti gli anni, per me è normale sentirmelo dire. E poi dicono: "lì non andare, là no...". Io ora valuto il perché me lo dicono (anni fa non li avrei nemmeno ascoltati) e tengo in considerazione le critiche, quelle costruttive.

Ti metti in discussione.

Sì, sempre. Ascolto gli altri, ma le motivazioni sono quelle che sento dentro io. Ogni anno per esempio ho sempre aumentato i chilometri, e ho fatto i giri per cui mi sono sentito pronto. Ad esempio, il giro a Capo Nord l'ho rimandato di un anno perché non mi sentivo pronto, andando invece nell'Est europeo. Al ritorno da quel giro mi sono detto: "ecco, il prossimo anno andrò a Capo Nord". Ogni anno una sfida.

Un sogno che si realizza...

Sono dell'idea che qualsiasi sogno vogliamo realizzare e qualunque cosa vogliamo fare nella vita dobbiamo iniziarla il prima possibile! L'audacia racchiude in sé genio e magia ed è capace di fare emergere forze che anche noi stessi non sappiamo di avere. Quando ho progettato questi giri molte volte ho quasi esagerato, seguendo una specie di utopia. Ma esagerare alle volte aiuta. Per esempio nel mio caso, facevo 10 km e mi sembrava che la meta si allontanasse di 100 km, ne facevo altri 100 e si allontanava di 200... Allora a cosa serve avere un obiettivo così elevato? Serve a non mollare mai, con la convinzione che una mattina mi sveglierò e mi accorgerò che la meta prefissata è una realtà, non è più un'utopia.

Potendo, te la sentiresti di partire senza meta e stare via un anno o due? In fondo è un po' il sogno di tutti i viaggiatori.

Be', senza voler criticare nessuno, io credo che una cosa siano le parole, un'altra i fatti. Chi dice di voler fare così in realtà sa poi suppergiù dove va a cascare. Se questi viaggi avessero scopo solo per me stesso sarebbero una cosa egoistica, e non avrebbero senso, secondo me. Questi viaggi hanno intensificato la condivisione con gli altri prima della partenza, durante il viaggio e soprattutto dopo, al ritorno. Anzi la mia vita si è arricchita nel rapporto con gli altri proprio grazie a questi viaggi: quando torno incontro gente, racconto la mia esperienza, parlo, ascolto... La vita ha senso così.

Com'è la tua vita quando non viaggi?

Lavoro, allenamenti e incontri. Così la sento piena. Magari materialmente non ho tanto, ma va bene così. Poi i mesi che trascorro a casa prima del prossimo viaggio vivo in funzione della partenza.

E quando viaggi hai tutto l'itinerario in testa?

In questi ultimi anni, quando ho programmato i giri, ho

sempre tenuto lo spazio per fare qualcosa in più. In Patagonia, visto che ero in anticipo sulla tabella di marcia, mi era venuta l'idea di andare al Perito Moreno, per esempio, poi non ce l'ho fatta... Diversificare, anche senza dichiarare, un po' c'è sempre nella mia testa.

Ti piacerebbe fare il missionario? Ora che ne hai conosciuti tanti e hai visto come vivono...

Al ritorno dai viaggi ho tante cose in testa: partire volontario, diventare missionario... Tra l'altro la preghiera mi ha sempre aiutato durante i viaggi, però io sono fatto per andare in bicicletta! La mia dimensione è questa, il mio lavoro verso gli altri è fatto in questo modo. Certo mi piacerebbe aiutare i poveri, e in un certo senso credo di farlo, con la pratica, durante i miei giri.

Chi ti paga i tuoi giri?

Mi autofinanzio.

Nessuno sponsor?

Ho conosciuto gente anche senza scrupoli. Che puntava solo ai soldi, e avrebbe cercato di guadagnarci. Ma non avrebbe avuto alcun senso: si sarebbe pestato i piedi a qualcuno solo per interessi personali.

Qualche esempio?

Ero in contatto con Franco Ballerini (il commissario tecnico della nazionale di ciclismo scomparso tragicamente nel febbraio del 2010) che conobbi quando fu invitato alla partenza del mio tour del 2005 come testimonial; era una persona disponibilissima, senza vanità: a lui chiesi se era possibile trovare un manager. Lui, conoscendo bene l'ambiente, mi disse chiaramente: "Mauro, per il tipo che sei tu, per quello che fai... è impossibile trovare la persona giusta. Questi per prima cosa vogliono guadagnare tanto, e poi sono senza scrupoli!". Così ho capito che persone che per 10.000 euro fanno qualunque cosa non fanno per me.

Hai conosciuto un ambiente che non ti è piaciuto.

Non puoi mischiare la passione con il guadagno. È una cosa che prima o poi ti mette in difficoltà. Quando c'è anche una forma di sacrificio nel fare una cosa, capisci perché la fai, quando invece c'è un tornaconto in denaro lo faresti per quello e non avrebbe senso. Almeno per me sarebbe così.

Il valore che dai a qualcosa lo decidi tu.

Ti faccio un esempio banale: se questa sedia dove sono seduto fosse piena di cimici, ma stare qui a parlare valesse la pena, allora resterei qui, farei il sacrificio e non mi preoccuperei delle cimici. Mentre se stessi seduto comodo, starei qui solo perché sono comodo. Indipendentemente dall'importanza delle parole che stiamo dicendo.

Torniamo ai tuoi viaggi. Tu fai un sacco di incontri con altri viaggiatori: che rapporti hai con loro?

L'incontro è sempre bello, per entrambi. Ci sono quei cinque-dieci minuti in cui parli, ti abbracci anche, scambi informazioni... è bello. Poi ognuno ha il suo stile, sia che viaggi in bici, sia in moto o in camper. E quando ti racconti quello che hai fatto, quello che hai visto, ti senti bene. Tante volte fai una domanda di cui sai già la risposta, ma ti interessa sapere come l'altro si è gestito in quel momento. Sono scambi di esperienze importanti.

C'è tanta curiosità.

Ancora oggi, che mi reputo un viaggiatore di una certa esperienza, quando esco per allenarmi e vedo un ciclista con le borse, mi fermo anche solo cinque minuti per salutarlo: sono curioso di sapere dove va, e sono contento se posso dargli qualche informazione utile. Non parliamo poi di qualche anno fa: io ero agli inizi, e appena vedevo un ciclista-viaggiatore venivo letteralmente assalito dall'entusiasmo. Mi è capitato più volte di far tardi al lavoro per essermi fermato a parlare con qualche ciclista! In queste occasioni il tempo vola e io proprio non me ne accorgo…

In viaggio hai avuto anche esperienze negative?

Con altri viaggiatori no, mai. Ho incontrato tipi loschi, ma erano locali. I viaggiatori sono gentili, ognuno con il suo stile: chi viaggia in solitaria vuole continuare in solitaria.

Tu perché viaggi in solitaria?

Ci sono tanti motivi: anzitutto più sto solo più interiorizzo, più riesco nella preghiera, più riesco a capire le cose (anche a gestire il diabete, per esempio). Capisco di più quello che voglio: è un viaggio interiore, e una volta che sono a casa il viaggio continua perché devo riuscire a trasmetterlo agli altri. Così come tutte le positività che ho incamerato stando da solo. Qualcuno potrebbe pensare che sono un egoista, invece sono una persona socievole e mi piace stare in compagnia, ma non sono mai stato un chiacchierone. Ho sempre preferito i fatti alle parole e da piccolo soffrivo questa mia attitudine perché la società di adesso quasi ti illude che si ottiene di più con l'apparenza e il ben parlare! In altre parole, direi che questi momenti "solitari" mi hanno aiutato a conoscere meglio me, il diabete, i miei punti di forza e i miei limiti e permesso successivamente di stare bene con gli altri e di relazionarmi con più facilità. Stare da soli in alcuni momenti della vita, se vissuti bene, ci dà la possibilità di guardare meglio dentro noi stessi e di apprezzare poi, con più gioia e serenità, i momenti di condivisione con gli altri. E poi in fondo non sono solo: ho Gesù, Maria, la bicicletta, il diabete…

E comunque è anche un modo per "staccare" la spina…

Sì, per me le pedalate di questi anni in solitaria sono state qualcosa di magico, proprio uno staccare la spina dalla quotidianità, che mi ha permesso di immergermi in un altro mondo, un mondo fatto di incontri sempre nuovi, ognuno con la sua storia, bella o brutta che sia. Abbinare bici e preghiera è stato ed è tuttora una maniera per non entrare in tentazione, per non entrare in contatto con le cose terrene che Dio non vede di buon occhio. Se poi si va via in gruppo si rischia di parlare della vita di tutti i giorni ed essere anche meno disposti all'incontro con l'ignoto… Se sei solo anche chiedere una semplice informazione ti "costringe" a cercare l'altra persona.

Ti sarà successo tante volte.

Quante volte dopo chilometri e chilometri di strade isolate ho fatto domande a persone lungo il percorso pur sapendo già la risposta! In realtà avevo bisogno di comunicare, ricevere e dare un semplice saluto e sentire anche soltanto la voce di un altro.

Come ti alleni?

Ogni settimana faccio almeno 300-400 chilometri, e certi giorni sto fuori dalle 8 di mattina alle 8 di sera.

E sono piccoli viaggi in solitaria anche quelli.

Sì, ne ho bisogno. Mi serve per staccare completamente dal lavoro, dove sono sempre a contatto con il pubblico. Mi serve per interiorizzare e poi riuscire ad esternare. La confusione mi ha sempre dato noia, fin da bambino. Ora che faccio tanti incontri, poi, a maggior ragione ho bisogno di staccare per ricaricarmi.

Hai pensato a quando smetterai?

L'entusiasmo è la mia molla: finché avrò entusiasmo potrò andare; quando l'entusiasmo calerà, resterò a casa.

Smetterai proprio di andare in bici?

No, quello no. La bici mi fa stare bene. E non solo: se ho un problema, dopo tre ore di bici ho dieci soluzioni per risolverlo! Le intuizioni migliori mi vengono in bicicletta. Ad esempio, anche durante una intervista, se potessi fermarmi per fare una pedalata, direi cose più interessanti!

Nei tuoi viaggi hai mai avuto paura?

Le paure ci sono: la paura di non tornare, la morte, dubbi, incertezze... ma sono prima della partenza. Una volta che sei sul campo, le affronti giorno per giorno e non ci pensi, così tutto va. Anche perché quando ti senti pronto vai. È come una partita importante, una finale di Coppa del Mondo: una volta che l'arbitro ha fischiato l'inizio tu devi giocare, senza timori.

E non ti spaventa più niente.

Dico spesso che quello che per molti è l'inferno, per me è il paradiso. Intendo le situazioni difficili: pedalare sotto l'acqua, il caldo, il freddo, viaggiare controvento, fare fatica, trovare il pernottamento quando il buio avanza, proprio dove tutti dicono che non c'è alloggio ma dentro di te c'è la piccola speranza di trovare una soluzione, dover stare sempre attento a mille cose… come mi è successo quest'anno in vari momenti che ho superato.

È sempre stato così fin da quando hai iniziato?

In realtà nei primi tempi, specialmente durante i tour del 2004 e del 2005, le situazioni di difficoltà, fisiche e psicologiche, non le ho vissute bene. Poi ho fatto le mie esperienze, migliorandomi in tanti piccoli accorgimenti, e ho superato le mie paure. Come prima della partenza per Gerusalemme: tanti mi dicevano di non andare, di cambiare meta, visto che avrei attraversato zone politicamente molto instabili, ma ogni volta che sentivo queste critiche dentro me la sfida si caricava ancora di più… Al punto che scrissi sul mio sito, prima della partenza, le seguenti parole: "Sono cosciente che ci saranno giorni difficili, che mi faranno rimpiangere di non essere stato a casa tranquillo e di non aver fatto un giro fuori mura senza rischi né imprevisti… Al momento resto catturato dal desiderio di sfida, di avventura, con le mie certezze e ideali che poi magari si tramuteranno in paure e dubbi, ma con la convinzione di potercela fare da solo insieme al mio amico/nemico pazzo diabete".

C'è un forte risvolto psicologico nelle tue imprese.

Sì. È importante la forza della mente. Per esempio nel 2007, ormai arrivato a destinazione, a Tromso, feci una fatica enorme (per il male alle gambe) a percorrere gli ultimi 10 km che dividevano Tromso dall'aeroporto. Il tutto perché mentalmente avevo mollato e di conseguenza (anche se inconsciamente) il fisico non rispondeva più come prima. La stessa cosa è successa negli ultimi chilometri prima di Gerusalemme: mi sembrava di non arrivare mai, una sofferenza costante, tipo un morto che pedala! Ecco perché chi molla anche nella vita di tutti i giorni è perduto.

Come organizzi i tuoi rifornimenti di cibo?

Molte volte, specialmente nei paesini, quando mi trovo al ristorante faccio il rifornimento d'acqua e di alimenti per la notte e il giorno successivo. È divertente vedere i camerieri che, dopo cena, alla mia richiesta di ordinare altro pane, salumi, acqua e altro, restano a bocca aperta. Capisco chiaramente che pensano tra sé e sé: "ma questo da dove viene?". Una volta in Germania sul mio menù cartaceo indicai al cameriere il riso (lì di solito portano una pallina di riso) dicendogli nel mio inglese mediocre "six rice" (volevo 6 palline di riso). Lui restò un po' stupito ma poi sorridendo me le portò.

Quando viaggi hai tempo di farti un'idea della nazione che stai attraversando?

Be', il mio viaggio consiste nel pedalare in bicicletta, e quando alla sera trovo l'albergo mi voglio riposare e preparare al giorno successivo. Da un lato non ho tanto tempo libero per fare il turista, visitare musei o monumenti non è una mia priorità, dall'altro mi sono talmente documentato prima della partenza che quando arrivo in certe città mi sembra di esserci già stato! Mi è successo in questo viaggio con Ushuaia, ad esempio: quando ci sono arrivato mi sembrava casa mia. È quando poi parto di nuovo che mi rendo conto di quello che ho fatto.

Tra i Paesi che hai visto ce n'è uno in cui vorresti vivere se non vivessi in Italia?

No, non uno in particolare. Se mi dicessero che c'è bisogno

di me da qualche parte, per fare del bene, per aiutare qualcuno, per essere utile… allora sarei disposto a partire. Padre Sebastiano, che ho conosciuto in Brasile, mi ha già fatto una sorta di proposta: io al momento tentenno un po' perché se partissi vorrei essere l'anello che rafforza gli altri anelli, e non l'anello debole della catena.

Parliamo del viaggio in Sud America: organizzarlo è stato difficile?

Sinceramente il progetto in un primo momento è sembrato a tutti una pazzia. Ci vollero vari incontri per far decollare la "macchina" dell'organizzazione dei vari contatti sia in Italia che all'estero. Ricordo mesi prima della partenza l'e-mail dell'ambasciatore boliviano che consigliava vivamente di rinunciare all'impresa. Anche Marta Graziani, presidente e Missionaria dell'Associazione Internazionale Padre Kolbe (che ringrazio ancora una volta per aver sempre creduto in me e appoggiato il progetto) mi confidò la preoccupazione sua e di tutto l'ambiente missionario.

L'idea dell'itinerario era stata tua?

La scelta del percorso era una mia volontà, ma loro, avendo detto di sì al progetto, si sentivano direttamente responsabili. Addirittura Marta mi disse che si sognò di essere sbattuta in prima pagina sui giornali, accusata di aver lasciato andare un ciclista ad un tragico destino. Le dissi che in questi anni di esperienza avevo avuto centinaia di consigli di questo tipo, che sono anche modi per prendersi qualche distanza in caso di mal parata.

Succede anche quando sei in viaggio?

Sì, ad esempio, quando ero a Santa Cruz, in Bolivia, gente esperta del luogo, in buona fede, mi sconsigliò di affrontare il tratto di strada da Santa Cruz a Puerto Suarez, causa le cattive condizioni del fondo stradale in concomitanza con le temperature torride, consigliandomi di prendere il pullman o il treno. Io però, non avendo una assoluta certezza dell'impossibilità, ho optato per la sua fattibilità, riuscendo nell'impresa!

Avevi programmato tutte le soste e i pernottamenti?

No, a parte naturalmente le soste nelle Missioni, dove avevo programmato una sosta di un giorno o due (quattro a San Paolo). Tra l'una e l'altra avevo ovviamente una scaletta di percorso e date previste, ma ero libero di fermarmi e dormire dove volevo.

Non avevi prenotato gli alberghi?

No, non lo faccio mai. Anche perché dipende da come sto: il giorno che sto bene e magari è bel tempo mi va di pedalare di più, mentre se mi sento stanco o è brutto tempo o ho dei problemi alla bicicletta pedalo di meno. Anche se non arrivo dove mi ero prefissato o vado oltre.

Com'è stata l'esperienza degli "angeli custodi"?

Loro viaggiavano in macchina, di solito stavano dietro di me. Ogni tanto mi sorpassavano, li perdevo, poi ci ritrovavamo, magari dopo mezz'ora o un'ora. Qualche volta mi rifornivano d'acqua, ma il carico era sempre con me, tranne quel giorno che non stavo bene. Credo sia stata una bella esperienza anche per loro. Inoltre mi hanno fatto notare delle cose che per me sono naturali, ma per loro erano sorprendenti.

Cioè?

Il fatto di dovermi fermare per fare uno spuntino ogni ora (o quasi) e misurarmi sempre la glicemia. I vari saluti che ricevo e faccio. L'interesse delle persone specialmente nei piccoli paesi, quando magari mi fermo per una riparazione alla bici e vengo circondato da persone che mi osservano come se fossi un marziano e vogliono aiutarmi in qualche maniera. Per me sono cose normali, ma per gli altri diventano particolari. Anche Padre Sebastiano mi fece notare queste cose.

E sulla strada?

Io devo sempre stare attento alle buche, loro no... Poi c'è la cosa che li ha sorpresi di più.

Quale?

Entrare con la bici in albergo e portarla in camera. Per me è sempre stata una cosa fondamentale, anche nei viaggi precedenti. Non portare la bici in camera vuol dire rischiare di non ritrovarla il mattino seguente; devi levare poi tutte le valige e rimetterle il giorno dopo; non puoi fare quelle piccole riparazioni come registrare un freno ecc. Però in certi hotel non vogliono e quindi devi iniziare una trattativa alcune volte anche estenuante: spieghi, spieghi e se proprio non vogliono si prova da un'altra parte, ma le probabilità di successo sono buone.

Non chiedi il permesso di portare la bici in camera?

Di solito non chiedo mai il permesso di poterla portare in camera, lo do per scontato e alcune volte è una comica. Infatti quando poi mi vedono entrare con la bicicletta nella hall, storcono subito la bocca, c'è chi mi lascia andare e chi mi fa problemi e mi dice che non è possibile. Approfittando del fatto che non so le lingue, faccio finta di non capire e continuo ad andare avanti!

Quindi ti è successo anche altre volte…

Sì, ricordo che ero a Stoccolma nel 2007: trovo un hotel alle 21:00, ma assolutamente non vogliono la bici in camera, e mi impongono di parcheggiarla in cortile. Sono costretto a dire di sì, poi vedo che tra la portineria e l'ascensore rimane uno spazio dove nessuno può vedermi e da buon italiano (ma non da buon cristiano, lo ammetto…) velocissimo carico la bici in ascensore! La mattina seguente il portiere è cambiato e non mi dice niente, anzi facciamo amicizia. Ognuno ha i suoi criteri soggettivi di veduta.

Torniamo al Sud America: quando racconti della tua vita nelle Missioni parli spesso di "condivisione". Che cosa intendi?

Si viveva insieme in modo totale. Quindi si condivideva tutto, dalla messa al pranzo, dalle preghiere ai racconti di vita. Io raccontavo le mie esperienze e loro mi raccontavano il loro modo di operare. Le Missionarie mi hanno anche portato nei villaggi dove operano, facendomi conoscere le famiglie di gente povera che loro aiutano. Io ho vissuto con loro, da semplice laico, ma come se fossi un missionario.

I missionari sono persone "speciali"?

Io li ammiro. Perché non vivono nel lusso, riescono a fare a meno del superfluo, sono sempre pazienti…

Tu non sei paziente?

Sì e no. Sono sempre "agitato" in senso positivo, non ho quella calma che ci vorrebbe in certe occasioni. Alcuni amici mi dicono che sono paziente, ma è una lotta quotidiana, perché d'istinto forse non lo sarei… Aggiungo che la fede mi ha aiutato:

San Paolo dice che siamo fatti di spirito e di carne, e se dessimo sempre retta all'istinto non faremmo le cose giuste, quindi dobbiamo far prevalere la parte dello spirito, cioè della pazienza, della calma, della cortesia verso gli altri. In questi anni ho avuto anche molti riconoscimenti, ma non sempre ho trovato la porta aperta e tra i mille impegni mi sono sempre detto che quando e se comincerò a perdere la pazienza quello sarà anche il momento che perderò la mia missione.

Sono insegnamenti giusti.

L'obiettivo, con il nostro prossimo, è quello: dobbiamo essere sempre più pazienti. Se così fosse non ci sarebbero più guerre! E nella famiglia o nei rapporti di lavoro vale la stessa cosa: bisogna mediare, mediare, mediare.

Hai altri interessi? Altri sport?

Seguo il calcio e il ciclismo. Della TV mi piacciono i documentari, i film d'avventura. La musica mi piace ma non sono un appassionato di un genere o di un cantante in particolare.

Passioni (viaggi a parte)?

Be', tanti vivono nell'attesa dell'anima gemella o di un avvenimento speciale. Io invece vivo pensando che "l'attesa è oggi": cioè ogni giorno voglio dare il meglio di me, in qualunque situazione io mi trovi. Delle volte riesco, delle volte non riesco… però so che domani, se rivedrò un'altra alba, ci vorrò riprovare.

Vuoi cercare di dare il meglio di te, sempre.

Certo. Nella vita di tutti i giorni si rischia di non vivere intensamente. Per esempio quando in viaggio arrivo alle 20:00 in hotel do priorità alle cose essenziali e magari alle 22:00 sono già a letto. E invece quando arrivo alle 17:00 mi perdo in cose meno importanti e magari vado a letto più tardi delle 22:00. Ma voglio dare il meglio anche nei rapporti con gli altri, in famiglia e sul lavoro. Senza imporre niente, che sarebbe una cosa sbagliata.

Affronti la vita sempre seriamente o ti prendi anche in giro?

Nei giorni difficili mi capita di prendermi in giro. Se programmo di fare 180 km, poi ne faccio molti meno, mi dico: "Già già come dicevi stamani?". Altre volte sbaglio in qualche accorgimento e mi dico: "Sei un testone! Com'è possibile che non hai calcolato questo problema?". Tante volte le cose che pensi siano facili sono più difficili del previsto e viceversa… È come prevedere il tempo, non sempre indoviniamo.

Ti piacerebbe fare solo il viaggiatore, come lavoro?

Sì, mi piacerebbe, però avrei paura di andare "fuori regola": nel senso che puntare tutto su una cosa rischia di far perdere una parte importante della vita. Anche se è un po' faticoso, è meglio fare l'uno e l'altro: viaggiare e lavorare.

Ti piace il bilanciamento che hai adesso nella tua vita?

Sì, anche se dopo questa ultima esperienza vorrei fare qualcosa di più per gli altri. Come volontario… non so ancora… Comunque, aiutare sempre più persone.

Già lo fai, con il tuo impegno sul messaggio del diabete.

Sì, infatti conosco tante famiglie, magari con figli o parenti diabetici, che sono contente della mia testimonianza. Noto che traggono delle cose positive dalla mia esperienza, e ne sono felice. Però bisogna cercare sempre di migliorarsi, nel senso di fare sempre qualcosa di più per aiutare gli altri.

Hai la possibilità di farlo, con il tuo attuale lavoro?

Il mio lavoro, e anche il mio direttore, mi ha dato la possibilità di andare via per alcuni mesi, e di gestirmi gli impegni che ho attualmente: è stato un mezzo per raggiungere gli obiettivi che mi ero prefissato. Comunque non è stato sempre così semplice dato che i miei primi viaggi, che facevo all'inizio dell'estate, nei periodi di maggior lavoro, causavano qualche problema nella gestione del personale dell'hotel. Ricordo che nel 2007 il direttore mi diede il permesso di partire, pur dimostrandosi contrariato, sbottando: "Oh insomma: tutti gli anni è uguale!". Ora invece mi supporta e mi lascia partire senza particolari problemi.

Hai detto che ti autofinanzi, ma non c'è nessuno che ti dà una mano?

Una mano me la dà l'ANIAD, di solito coprendo circa il 50% delle spese. Per quest'ultimo viaggio, molto costoso, mi è stato rimborsato circa il 30%.

A parte l'indispensabile, cosa ti porti dietro in viaggio? Un libro, un iPod, un portafortuna...

Il mio iPod è la natura, sono i rumori del viaggio. Con me ho un libretto mariano e un messalino, che nei giorni difficili in Patagonia leggevo molto intensamente...

Più intensamente del solito?

Sì, nei momenti di difficoltà anche il Padre Nostro ha più significato.

Parliamo dell'aspetto sportivo delle tue imprese.

Ho un problema alla schiena, riscontratomi nell'autunno del 2005 da una risonanza magnetica: in termini specialistici è un'ampia protrusione dello spazio posteriore del disco L4-L5 e fenomeni degenerativi associati ad iniziali ernie, problema a causa del quale i dottori mi sconsigliarono di andare in bicicletta! Figuriamoci! Come puoi immaginare, decisi di ignorare questo avvertimento e di affidarmi a un professionista nel trovare la postura perfetta in bici, decidendo inoltre di andare periodicamente da un medico chiropratico specialista dello sport. A tutt'oggi questo fastidio sussiste in maniera lieve, non impedendomi di fare 17.000-18.000 km l'anno. Alcune volte bastano dei semplici accorgimenti per migliorare le cose: posizioni e atteggiamenti mirati che salvaguardano la schiena.

Tu sei competitivo?

Come prestazioni fisiche, io posso fare anche 300 km in un giorno, ma devo andare al mio ritmo. Se esco con gli amici, ad esempio a fare una gran fondo, certamente non mi ammazzo per arrivare tra i primi. Da giovane ho vinto anche qualche gara, ma ora il mio stile è diverso.

Sei più regolare.

Se oggi faccio 200 km, li voglio fare anche domani e dopodomani, mentre magari uno più veloce o competitivo di me oggi sta fermo e si riposa, domani fa 200 km a tutta birra, poi dopodomani deve stare fermo... Io vivrei come una costrizione il dover arrivare primo a una gara. Ho trovato il mio stile in bici anche se non vorrei che questo fosse il mio limite, ma solo un trampolino per il futuro.

Ma ti consideri un atleta?

Sì, senz'altro, anche perché lo sport è sempre stato nel mio DNA, fin da ragazzo.

Chi è il tuo sportivo di riferimento?

Ho sempre ammirato Franco Baresi (il capitano del Milan degli anni Ottanta e Novanta), una persona di poche parole, ma di tanti fatti. In campo stava zitto, ma era lui a dirigere l'orchestra.

C'è qualcosa che non puoi mangiare? Sei goloso?

Non sono goloso. Posso mangiare di tutto, però ovviamente devo prima consultare il diabete.

Sei fidanzato?

Oggi no. Dopo il giro del 2003 mi sono lasciato con una ragazza con cui stavo da tre anni dopo un periodo che le cose tra noi non andavano granché bene. Durante il giro compresi che la storia tra di noi non poteva funzionare e continuarla sarebbe stato un male per entrambi. Con grande mia sofferenza al ritorno ne parlai con lei, e nel giro di breve decidemmo di lasciarci. Negli ultimi anni mi sono sempre detto che se ci deve essere qualcosa dovrà essere una storia ispirata, condivisa, che rientra nel progetto divino che fa parte della missione che sto portando avanti.

Hai già in mente quale sarà il tuo prossimo viaggio?

No, non ancora. Se ci sarà un'altra partenza, vorrei che fosse comunque collegata in qualche modo alla *Città della Speranza*. Ho qualcosa in testa, chiaramente, ma non ho risposte chiare nemmeno per me stesso. Posso dire che, ad esempio, India o Cina o posti del genere non mi attirano, perché non c'è un luogo cattolico a cui legare il mio viaggio.

Vuoi viaggiare verso luoghi sacri?

Sì, e sarà una sorpresa anche per me. Io devo avere un forte stimolo per partire: ad esempio: nell'autunno del 2008 stavo proprio programmando 11.000 km dall'Italia alla Cina per il 2010, però la meta non mi entusiasmava. Appena vidi il video delle Missionarie dell'Immacolata subito scattò qualcosa in me. E non sono mai stato così veloce a decidere dove andare.

Le decisioni veloci sono le migliori.

Ci misi una ventina di minuti.

Adesso che è finito, hai realizzato che cosa ti ha dato questo viaggio?

Ogni volta che torno da un viaggio mi sento di dire che la mia vita è cambiata. Quest'anno ancora di più, non tanto materialmente, ma interiormente. Senza dimenticare che ciò che conquistiamo oggi, domani non conta più niente: bisogna continuare a lottare per riconquistarlo, anche se c'è un piccolo vantaggio e cioè di conoscere meglio la strada che ci ha portato qui! Quest'ultima volta la realtà è andata oltre la mia stessa immaginazione.

Cioè?

Se anni fa qualcuno mi avesse detto quello che ho raccontato in questo libro gli avrei detto: "ma te sei tutto matto!". Quando sentivo parlare di questi viaggiatori solitari nell'estremo nord, nel deserto, nella Patagonia, restavo affascinato e mai avrei pensato che un giorno sarei potuto essere uno di questi. La vita è un percorso.

E non c'è solo l'impresa sportiva.

Mi ritrovo molto in quello che ho scritto nel diario il 16 febbraio, quando ero in tenda in mezzo al niente: "La ricchezza non è tanto il possedere beni materiali, ma essere soddisfatti di quello che abbiamo e soprattutto non desiderare di più di quello che ci è necessario. L'uomo è ricco delle cose di cui riesce a fare a meno". Alcune volte nella società di adesso mi sento un po' disadattato: è quasi una "centrifuga" che ti fa desiderare cose in realtà inutili. Allora mi chiedo: perché? Perché?

È una riflessione sul mondo di oggi…

Considerando l'alta percentuale di suicidi in Europa e nel piccolo Lussemburgo, uno dei Paesi più ricchi del mondo, dove le Missionarie hanno aperto una comunità, siamo proprio sicuri che il benessere finanziario, il consumismo, il materialismo generano automaticamente felicità appagando i nostri desideri e colmando i nostri vuoti interiori?

La tua risposta mi sembra scontata.

Una domanda che dobbiamo sempre farci è: Gesù come si comporterebbe? Ecco: nel corso della mia vita l'avevo un po' perso, ma ora mi impegno e faccio una promessa a non lasciarlo mai più.

Finiamo con una domanda "provocatoria": perché hai scritto questo libro?

Perché oltre alla divulgazione del messaggio del "Diabetes no limits" c'è la possibilità di destinare i proventi della vendita del libro al progetto *Città della Speranza* per dare continuazione alla raccolta fondi dell'AIPK. Negli anni scorsi già in due circostanze mi fu proposto di scrivere un libro, ma entrambe le volte rifiutai, perché alla domanda rivolta a me stesso "Perché scrivere un libro?" le risposte non erano esaurienti e mi rispondevo: "il tuo libro è la strada: pedala, pedala...". Ogni anno al ritorno sono invitato a destra e a sinistra a raccontare la mia storia, e incontro persone che in pochi minuti capiscono cose che invece persone che conosco da anni non riescono a capire. Sarebbe un peccato tenere la mia esperienza di vita solo per me e umanamente è un piacere e una gratificazione ricevere così tante attenzioni da parte degli altri. In fondo, la gioia più grande è quella condivisa.

Intervista raccolta da Goffredo Bagnoli

L'Associazione Internazionale
Padre Kolbe

Se questo libro è il racconto di un viaggio, il diario di un ciclista che ha percorso solo con la sua bicicletta oltre 9.000 km, non si può non pensare alla "strada". Ogni viaggio infatti, sia esso fisico o spirituale – i viaggi dell'anima, come li chiama Mauro – si compie lungo una strada, che a volte è ben delineata, chiara, altre è da inventare, da scoprire passo dopo passo, pedalata dopo pedalata. E se è vero che la nostra vita è un viaggio, ciò significa che tutti noi siamo in cammino su una strada, ciascuno sulla propria. Che infinità di strade! Alcune vanno in direzioni diverse, altre corrono parallele, altre si intersecano, altre si sovrappongono...

Il progetto "Una bici mille speranze" è nato proprio dall'incontro tra due strade che per lungo tempo hanno viaggiato parallele, senza incrociarsi: quella di Mauro Talini e quella dell'Associazione Internazionale Padre Kolbe, AIPK Onlus. È bastato però un piccolo ritaglio di giornale per far scoprire a entrambi che i loro viaggi avevano molti elementi in comune, primo fra tutti la meta finale, e che camminare insieme poteva essere una bella avventura.

Che cosa hanno in comune Mauro, ciclista diabetico insulino-dipendente, e un'associazione? La domanda è lecita e la risposta non è poi così banale, perché per scoprirlo occorre innanzitutto conoscere la storia di entrambi e cercare di andare oltre l'immediato, di sforzarsi di capire ciò che può nascondersi dietro a una parola, a una situazione, senza fermarsi alla superficie. Solo così è possibile capire come basti una bicicletta per mettere in relazione due realtà così apparentemente distanti, come quella che vive Mauro con il suo diabete e quella che cerca di affrontare l'AIPK con i suoi progetti. Per scoprirlo, però, dobbiamo avere la stessa pazienza del Piccolo Principe che deve spiegare alle "persone grandi" che il suo disegno, che secondo loro è un semplice cappello, in realtà rappresenta un serpente che digerisce un elefante.

Per conoscere bene una persona l'ideale sarebbe poterci parlare, trascorrere del tempo insieme, condividere delle esperienze... e le pagine del diario di Mauro ci hanno dato proprio questa possibilità! Attraverso le sue parole, i suoi racconti e le sue riflessioni è stato facile cogliere l'anima e lo spirito di Mauro e capire ciò che lo ha spinto a fare della sua strada quella dell'Associazione, e a offrire tempo, energie e sudore per realizzare i sogni dell'AIPK, come quello raccontato dal logo dell'Associazione che rappresenta un mondo arancione, colore del sole che nasce, simbolo di vita e di luce, e un bimbo stilizzato, con il viso rosa, segno d'umanità. Il bambino, simbolo della purezza, balla sul mondo, danza la vita, con le braccia aperte verso il cielo in segno di festa e di vittoria del bene sul male, perché sarà lui a dominare il mondo con amore, superando gli ostacoli e i problemi che la vita gli impone. Proprio per realizzare questo grande sogno è nata l'Associazione Internazionale Padre Kolbe.

L'AIPK Onlus, infatti, nasce nel novembre del 2002 e risponde al desiderio dell'Istituto delle Missionarie dell'Immacolata – Padre Kolbe e di alcuni laici di testimoniare, concretamente, come sia possibile farsi prossimi ai più bisognosi, promovendo progetti volti a fornire aiuti necessari ai Paesi in via di sviluppo attraverso la formazione integrale della persona, garantendo l'istruzione, l'educazione culturale e professionale di bambini e adulti e l'assistenza sociale alle famiglie mediante iniziative di diverso genere. Dall'Istituto Secolare prende lo spirito missionario, l'attenzione ai segni dei tempi e alle necessità del mondo, l'impegno a operare per e in collaborazione con altri popoli e culture, sempre nel massimo rispetto delle diversità. E da Padre Kolbe prende l'esempio e gli stimoli per la propria attività. È sua, infatti, la frase "L'amore crede nell'impossibile", che l'Associazione adotta fin da subito come slogan.

L'AIPK, per realizzare il suo grande sogno, deve credere nell'impossibile, così come ci ha creduto San Massimiliano Kolbe, sacerdote polacco che nel 1941, rinchiuso nel campo di concentramento di Auschwitz, ha donato la propria vita per salvare quella di un padre di famiglia. Come lui, deve porre al centro della propria azione l'essere umano, nella sua totalità e complessità, per garantire a tutti e a ciascuno una vita dignitosa, al di là della povertà, dei limiti e degli ostacoli.

L'Associazione ha infatti finalità umanitarie ed educative e cerca di realizzare progetti per fornire aiuti necessari ai Paesi in via di sviluppo. Potrebbe farlo rimanendo chiusa in un ufficio di Bologna, operando a distanza, facendo ricerche e raccogliendo informazioni, cercando di immaginare e ipotizzare da qua ciò di cui si ha bisogno là. Potrebbe, ma ha scelto un'altra strada. Ha scelto di appoggiarsi alle comunità che le Missionarie dell'Immacolata – Padre Kolbe hanno aperto negli ultimi anni in diverse zone del Sud America; ha scelto di essere direttamente sul posto, attraverso le stesse Missionarie e i volontari che periodicamente trascorrono qualche tempo presso i centri che ha aperto; ha scelto di coinvolgere nella realizzazione dei propri progetti gli stessi destinatari, perché diventino i primi protagonisti del processo di crescita economica e sociale. Ha scelto, cioè, la strada della condivisione.

Nonostante la giovane età, l'Associazione ha già viaggiato molto e ha realizzato progetti in tre grandi Paesi del Sud America: Argentina, ad Olavarría e Villa Ballester, nella provincia di Buenos Aires, dove le Missionarie hanno aperto una propria comunità rispettivamente nel 1969 e nel 1993; Bolivia, dove l'istituto è presente dal 1988 a Montero e dal 2001 a Cochabamba; Brasile, a San Paolo, dal 1996, e a Campo Grande dal 2007. In queste zone l'AIPK coordina e realizza, insieme alle Missionarie stesse e ai Missionari, diversi progetti sociali dedicati all'educazione, alla formazione e all'introduzione al lavoro di giovani e donne, sempre tenendo conto del contesto nel quale agisce e cercando di rispondere alle effettive necessità della popolazione.

In Argentina, per esempio, negli anni scorsi sono stati realizzati due progetti: uno, "Il pane della solidarietà", con il quale si è sostenuta la mensa scolastica del quartiere Villa Aurora di Olavarría; l'altro per raccogliere fondi e aiutare la Diocesi di Azul, sempre in località Olavarría, ad acquistare un terreno sul quale costruire un centro sociale per favorire l'incontro, la formazione, il gioco e lo sviluppo dei bambini. Attualmente l'Associazione è impegnata in un micro-progetto di sostegno familiare con il quale aiuterà Ana, una giovane donna di 29 anni, a dare ai suoi quattro figli una vita dignitosa.

In Bolivia sono state realizzate diverse iniziative e alcuni progetti sono attualmente sostenuti. A Cochabamba, una città estremamente popolata e altrettanto povera, l'Associazione ha scelto di contribuire a rinnovare gli studi e l'attrezzatura della Radio "San Rafael", emittente molto importante della Diocesi che ora ha gli studi presso il Centro di formazione delle Missionarie e che raggiunge tutta la popolazione della città con programmi formativi ed educativi.

Inoltre, per cercare di favorire uno sviluppo anche economico della popolazione boliviana, è da alcuni anni che l'AIPK ha adottato il progetto "Artigianato Barrio Virgen de Cotoca", attraverso il quale incentiva le donne boliviane a coltivare le tecniche di artigianato tradizionale, non solo per produrre oggetti da vendere, e sostenere così le famiglie, ma anche per sviluppare il senso della comunità, della responsabilità nel lavoro, far emergere i talenti naturali e occupare il tempo con attività utili.

In Bolivia è stato inoltre avviato da diversi anni il Sostegno a Distanza (SAD), attraverso il quale si garantisce ai bambini che rientrano nel progetto di ricevere cibo, istruzione, assistenza sanitaria e vestiario. Sono sempre più numerose le famiglie italiane che decidono di farsi prossime ai bambini in difficoltà e investire annualmente una piccola cifra per dare loro la possibilità di vivere un futuro più dignitoso. È grazie al lavoro delle Missionarie, che conoscono da vicino le famiglie più disagiate e che possono accompagnare i bambini nella crescita, che il progetto delle adozioni a distanza non si rivela un semplice assistenzialismo, ma un vero e proprio investimento sul presente per creare un futuro degno di questo nome. È con il SAD, più che con tutte le altre iniziative, che l'AIPK non solo riesce a raggiungere quella formazione integrale dei bambini, dei giovani e degli adulti che si prefigge, ma riesce a sensibilizzare ed entusiasmare un numero sempre crescente di persone che volentieri diventano madrine e padrini a distanza.

È questo, infatti, un altro obiettivo dell'Associazione: promuovere diverse iniziative di educazione alla mondialità e all'interculturalità, per favorire la sensibilizzazione e la coscientizzazione verso alcuni valori quali il rispetto, l'integrazione, la condivisione e la solidarietà. Per fare questo l'AIPK scende in strada con banchetti informativi e mercatini di oggetti etnici, provenienti dai Paesi nei quali opera, ed entra nelle classi, con progetti rivolti direttamente ai bambini: molte sono le scuole che a seguito di un progetto triennale scelgono di impegnarsi concretamente e di adottare un bambino a distanza, boliviano o brasiliano. Oggi sono circa seicento i bambini che grazie ai contributi che giungono dall'Italia possono affrontare con un po' più di serenità il presente.

Il Brasile è sicuramente il Paese al quale l'Associazione Internazionale Padre Kolbe dedica più risorse, tempo ed energie, avendo sostenuto nel corso degli anni molteplici progetti di diversa natura ed essendo ora coinvolta nella costruzione di una vera e propria città! In Brasile, infatti, l'obiettivo di promozione umana portato avanti dalle Missionarie dell'Immacolata – Padre Kolbe e dai Missionari dello stesso istituto – nati proprio in Brasile nel 1997 – viene perseguito non solo con iniziative concrete quali il SAD, o la consegna di alimenti, o la garanzia di un'assistenza medica, ma anche attraverso le parole che viaggiano nell'etere. La radio, infatti, è lo strumento più immediato e diretto per raggiungere una vasta popolazione e per far conoscere le situazioni, i problemi e le necessità, offrire comprensione, appoggio morale e spirituale, proporre soluzioni concrete su piccola e grande scala. E così negli anni scorsi l'Associazione si è impegnata a raccogliere fondi per rinnovare gli studi di Rádio Milênio presente nello Stato di Alagoas, nel nord-est del Brasile.

Bisogna spostarsi di parecchi chilometri per giungere a Riacho Grande, dove sono state gettate le fondamenta della *Città della Speranza*. Riacho Grande è una vasta zona rurale alla periferia di San Paolo; molto bella da un punto di vista naturalistico – laghi e foresta la rendono un vero polmone verde – ma segnata da forti disuguaglianze sociali. Moltissime famiglie, circa 80.000 persone, vivono in una situazione di estrema miseria, emarginate e abbandonate a loro stesse. Sono numerosi gli elementi che contribuiscono a segnare negativamente tale situazione, che lascia una profonda cicatrice soprattutto nella vita di donne e di bambini: povertà materiale, alimentazione inadeguata, scarse condizioni igienico-sanitarie, insufficiente assistenza medica, diffusa dispersione scolastica, violenza domestica e alcolismo, assenza di spazi e di strutture per la socializzazione e l'educazione comunitaria, mancanza di educazione alla cura e alla salvaguardia dell'ambiente... Di fronte a un quadro di questo tipo ci si sente, forse a ragione, inermi e inutili. Sembra impossibile riuscire a risolvere, o anche solo a migliorare, tale situazione.

Impossibile...

"L'amore crede nell'impossibile".

All'Associazione Internazionale Padre Kolbe è bastata questa consapevolezza per cominciare a coltivare un sogno, a pensare a un ampio progetto con il quale prendersi a cuore il presente, ma soprattutto il futuro, di queste persone. E quando interviene il cuore è l'amore che comanda, che regala il coraggio, l'entusiasmo, forse anche l'incoscienza necessari per lasciarsi trascinare in un'avventura talmente grande che non può non affascinare e travolgere chiunque la assapori. L'AIPK non ha opposto resistenza e grazie soprattutto all'attenta lettura fatta dalle Missionarie della realtà del luogo ha cominciato a buttare giù schizzi, proposte, pensieri con un preciso obiettivo: recuperare i bambini e i giovani della zona di Riacho Grande sviluppando la formazione integrale della persona e favorendo il miglioramento del loro livello di vita.

Nasce così *Città della Speranza*, un progetto ambizioso di solidarietà e di formazione alla vita che prevede la costruzione di un complesso edilizio composto da diverse strutture: il Centro sociale, già concluso, il Centro di formazione alla vita e il Centro di accoglienza residenziale. Tre strutture diverse, ma interdipendenti, che entrano in sinergia per garantire uno sviluppo educativo, sociale, culturale, professionale e spirituale per tutti coloro che faranno di questa città un vero e proprio punto di riferimento.

Bambini in attesa della merenda nella sala da pranzo del Centro sociale.

Il Centro sociale, intitolato a San Massimiliano Kolbe, è stato inaugurato l'8 marzo 2009, dopo tre anni di lavori intensi e non sempre facili, e ha già avviato numerose iniziative per circa quattrocento bambini e le loro famiglie. Grazie alle Missionarie e ai Missionari che quotidianamente operano al Centro, grazie a Henrique e Maria Neusa, la coppia brasiliana che si occupa della gestione e dell'organizzazione del Centro, grazie ai volontari e ai professionisti assunti, sono numerosi i servizi che oggi il Centro può offrire: uno sportello di ascolto per garantire alle famiglie, soprattutto donne e bambini, un accompagnamento sociale e psicologico; uno studio dentistico e medico, per assicurare l'assistenza sanitaria; una ludoteca; una biblioteca; diversi programmi formativi; il sostegno scolastico; corsi di alfabetizzazione, inglese e informatica per favorire l'inserimento nel mondo del lavoro; la mensa; distribuzione di alimenti e vestiario...

Tra le attività del Centro ci sono anche i corsi di informatica.

Completato il Centro sociale, ora tutte le energie e le risorse verranno investite per la costruzione del Centro di formazione alla vita, il vero "cuore" della *Città della Speranza*, che riuscirà ad accogliere nei propri ambienti dalle trecento alle seicento persone. È prevista, infatti, la realizzazione di un grande auditorium, di una biblioteca, di varie sale per incontri, di un refettorio e di una cucina. Due parole verranno messe al centro di tutte le iniziative che qui verranno proposte (corsi, convegni, seminari...): educazione e formazione, valori centrali per la persona, sui quali è necessario investire per aprire opportunità e favorire azioni di sviluppo auto-sostenibili all'interno dell'intera comunità di Riacho Grande.

Ciò che è chiaro è che l'Associazione Internazionale Padre Kolbe, da sola, può fare ben poco. Sicuramente il Centro sociale non sarebbe mai potuto nascere se enti, associazioni e anche singole persone non si fossero lasciati contagiare dal sogno del-

Terreno per la costruzione del secondo edificio della *Città della Speranza*.

Piccola biblioteca del Centro.

l'AIPK e questo vale anche per il Centro di formazione alla vita. Fortuna che ogni anno ci sono sempre più persone che conoscono e si avvicinano all'Associazione, che ne assaporano lo spirito e cominciano a credere nell'impossibile!

Forse, a dir la verità, Mauro credeva già nell'impossibile quando ha conosciuto l'Associazione, e la sua storia di ciclista diabetico ne è testimonianza. Forse è per questa "sintonia" naturale che Mauro ha deciso ben presto di diventarne socio a tutti gli effetti e sostenerne economicamente e con tempo e impegno le iniziative. Quando è nata, nel 2002, l'Associazione contava solo quattro membri (tutte Missionarie), mentre oggi, dopo neanche dieci anni, è composta da quarantuno soci, la maggioranza dei quali laici. È una realtà in costante trasformazione, che cresce parallelamente ai progetti che propone, che risponde alle sfide che l'attualità lancia, che si espande sul territorio. La vera forza dell'Associazione, infatti, sono i volontari, i collaboratori e i benefattori che, dalle proprie città, sostengono l'AIPK. Oltre alla sede centrale di Bologna, infatti, sono nate anche due sedi locali, a Roma e nella Toscana di Mauro.

L'Associazione Internazionale Padre Kolbe crede nell'impossibile. E anche Mauro. Ecco perché le due strade si sono incrociate, indirizzando i compagni di viaggi di entrambi nella stessa direzione. Ma avrebbero potuto continuare a scorrere parallele, seppur vicinissime, se non ci fosse stato qualcosa a farle sovrapporre, qualcosa che permettesse di associare il diabete alla povertà. Cosa può accomunare questi due elementi apparentemente così lontani tra loro?

Il diabete da un punto di vista medico è una malattia cronica dovuta a un'alterazione della produzione o della funzione di un ormone pancreatico, l'insulina, che ha il compito di ridurre la quantità di glucosio presente nel sangue. Dal punto di vista umano, invece, è molto di più, perché non rimane "confinato" nel sangue, ma diventa parte integrante dell'intera persona, del suo stile di vita, delle sue abitudini alimentari... Inevitabilmente ne condiziona la vita. Il diabete è un limite.

La povertà, invece, viene definita dal dizionario come la condizione di chi ha scarsezza delle cose necessarie per vivere, quindi come di una mancanza che non solo non permette di vivere bene il presente, ma che impedisce anche di costruire un futuro. Sembra che, per chi è povero, il verbo potere esista solo nell'accezione negativa: "non posso". La povertà è un limite.

Limite. Ecco il concetto che accomuna il diabete alla povertà, ma che non accomuna Mauro all'Associazione Internazionale Padre Kolbe, forse perché credono nell'impossibile, forse perché sono testardi, forse perché sognano in grande...

Mauro ha imparato da piccolo a convivere con il suo diabete, a conoscere questo suo strano compagno di viaggio e ad affrontarlo con serenità, senza lasciare che ne influenzasse negativamente l'esistenza, ma traendo da questo stimoli per fare sempre di più, per non arrendersi, per porsi degli obiettivi sempre maggiori. Per Mauro, il diabete è una scuola di vita.

L'Associazione, dal canto suo, non accetta la povertà come un dato di fatto, da subire passivamente e senza speranze, ma nasce proprio con l'intenzione di affrontarla a viso aperto, di dare alle persone disagiate gli strumenti e le possibilità per "ribellarsi" e togliersi questo macigno che impedisce di spostarsi e camminare. Per l'AIPK, la povertà è una scuola di vita.

Questa è la consapevolezza che anima Mauro nelle sue lunghe pedalate e l'Associazione nel portare avanti grandi progetti come la *Città della Speranza*. Ciò che accomuna questi due obiettivi è quindi un messaggio molto semplice, secondo il quale il limite umano o sociale non preclude la possibilità di una vita dignitosa e felice.

Bambine felici, all'interno di una delle aule del Centro.

Anzi, al contrario, è uno stimolo, un incentivo in più per rimboccarsi le maniche e agire. Così come il diabete non limita la vita di uno sportivo come Mauro che, anzi, attraverso le imprese che realizza vuole fare conoscere i numerosi benefici che lo sport produce sia a livello fisico che psicologico sui malati di diabete, spronandoli così all'azione, allo stesso modo il degrado sociale, la povertà, le difficili condizioni economiche e igienico-sanitarie non precludono ai bambini la possibilità di speranza di cambiamento della propria condizione. Per entrambi forse non sempre è possibile superare i propri limiti, ma già esserne consapevoli trasforma il limite, generalmente considerato una sfortuna, in uno stimolo in più di lotta, in una spinta a voler vivere pienamente la propria esistenza. Quindi, perché non lottare insieme?

La risposta si trova proprio in questo libro, che rappresenta il coronamento del progetto nato come "Una bici mille speranze", progetto che ha affrontato e superato una duplice sfida: dimostrare che il diabete non è un limite e raccogliere fondi per la *Città della Speranza,* in particolare per la nuova costruzione del Centro di formazione alla vita.

È importante ripercorrere le tappe che hanno dato vita al progetto, che ha coinvolto un numero sempre maggiore di persone, associazioni ed enti. Sono state molte, infatti, le realtà del mondo del diabete e non solo che hanno "accompagnato" sulla strada la bicicletta di Mauro.

L'idea di base in fondo era semplice: una pedalata in solitaria in Sud America, da La Paz, in Bolivia, fino a Ushuaia, Argentina, passando per il Brasile e toccando così tutti i centri nei quali l'Associazione opera in collaborazione con le Missionarie.

Mauro, con cartine, libri e internet alla mano, comincia a programmare il percorso, prevedendo di fare circa 9.000 km in tre mesi. Forte dell'esperienza acquisita nei viaggi precedenti e delle informazioni raccolte, valuta con estrema attenzione ogni dettaglio (l'altitudine di La Paz, la città di partenza, le strade sconnesse, la stagione delle piogge, le temperature elevate, il forte vento) e decide di ridurre la media giornaliera dei chilometri percorsi a 120-130, anziché 140-170 come suo solito. È chiaro nella sua mente che, mai come in questa esperienza, la più lunga e la più intensa che abbia mai fatto, dovrà ponderare bene ogni cosa, usare il buon senso, senza lasciarsi prendere da facili entusiasmi e correre inutili rischi.

Il percorso comincia a prendere forma: si definiscono le tratte, i chilometri da percorrere, i tempi previsti... nulla viene lasciato al caso, se non i luoghi in cui dormire la notte, da cercare sul posto ogni giorno, e garantire così una maggiore flessibilità. Le uniche tappe prestabilite sono quelle presso i Centri Missionari, dove Mauro si fermerà per riposarsi, per conoscere la realtà, per vedere da vicino cosa l'AIPK sta realizzando in questi luoghi. Risolti i problemi burocratici, definito come e quando rifornirsi di insulina durante la pedalata, cercato risposte a ogni domanda, coinvolto con il proprio entusiasmo i più ostili a questa iniziativa, a Mauro non resta che allenarsi per arrivare pronto all'appuntamento.

Ora tocca all'AIPK mettere in campo le proprie forze, competenze e conoscenze per trasformare l'impresa di Mauro in un importante strumento di raccolta fondi per la *Città della Speranza*. Così è stata pianificata una corposa campagna di comunicazione per far conoscere al maggior numero possibile di persone l'iniziativa "Una bici mille speranze" e, attraverso questa, sensibilizzarle verso l'attività dell'AIPK e il progetto *Città della Speranza*, oltre ovviamente al messaggio di Mauro che il diabete non è un limite, e convincerle a donare tempo e denaro a favore della campagna.

I principali interlocutori ai quali rivolgere la comunicazione non sono stati solo i soci, i volontari e i benefattori dell'Associazione, ma anche i 22.000 lettori della rivista dell'Istituto delle Missionarie "Milizia Mariana", l'intero mondo del diabete (associazioni, enti, famiglie), le istituzioni italiane ed estere (comuni, ambasciate...) coinvolte nell'iniziativa, le aziende con le quali l'AIPK è in contatto, le associazioni e le federazioni sportive legate al ciclismo, le realtà profit e non profit per la cura del diabete... Un target molto ampio, raggiunto con una profonda campagna di informazione sui media internazionali, nazionali e locali. Organizzando conferenze, producendo materiale informativo, presentando progetti di collaborazione con associazioni ed enti di varia natura, "Una bici mille speranze" ha fatto il suo ingresso nel mondo della carta stampata, con articoli e pagine dedicate sia a livello locale che nazionale; nell'etere, sia su frequenze cattoliche che no; e in televisione.

È proprio la presenza sul piccolo schermo che ha dimostrato quanto "Una bici mille speranze" sia stato un grande evento degno di nota. Tale progetto ha infatti ottenuto l'accreditamento del Segretariato Sociale Rai ed è stato presentato in diversi programmi televisivi, che hanno dato spazio anche all'SMS solidale che l'Associazione ha avviato in collaborazione con i principali operatori di telefonia.

Mentre Mauro, in Sud America, faticava ogni giorno, l'AIPK continuava a lavorare duramente per non lasciarlo solo e per informare tutti gli interessati dello sviluppo del viaggio: sito, blog, filmati, possibilità di seguire il percorso col GPS, pagina Facebook sono solo alcuni degli strumenti utilizzati per... essere con Mauro e pedalare insieme a lui!

Sì, perché, alla fine, in realtà, Mauro non ha pedalato in solitaria. Da solo, contando sulle sue forze e sulla fede, in compagnia della bici e del diabete, ha percorso 9.286 km, ha attraversato Bolivia, Brasile e Argentina, ha visitato i Centri missionari, ha cambiato le gomme bucate e fotografato i più bei paesaggi. Ma è anche grazie all'appoggio e al sostegno di tantissime persone che hanno cominciato a credere nell'impossibile che ha potuto raggiungere la meta finale: dimostrare che il diabete non è un limite e raccogliere fondi per la *Città della Speranza*.

"Una bici mille speranze" ha regalato all'AIPK finora oltre

80.000 euro, con i quali cominciare i lavori per la costruzione del Centro di formazione alla vita, che diventerà un punto di riferimento e di sostegno per tutta la popolazione di Riacho Grande. Cominciare. Ciò significa che il viaggio non è ancora finito, che si è solo arrivati a una tappa intermedia, e che la meta finale è ancora da raggiungere. Resta ancora molto da fare perché la *Città della Speranza* possa diventare una realtà concreta e possa offrire un futuro dignitoso a quanti vi entreranno. Nel frattempo l'Associazione Internazionale Padre Kolbe e Mauro continueranno a diffondere il loro messaggio di speranza che il limite, sia esso umano o sociale, è una scuola di vita che può essere affrontata e portare a grandi risultati… e chissà quante altre strade si potranno incrociare!

Marta Graziani e *Caterina Pastorelli*

Sedi dell'Associazione Internazionale Padre Kolbe AIPK Onlus

AIPK Onlus
Viale Giovanni XXIII 19 – Borgonuovo
40037 Sasso Marconi BO
Tel. e Fax 051846065
Web: www.aipkolbeonlus.org – Email: info@aipkolbeonlus.org

Sedi locali:
AIPK Onlus Toscana – Via G. Marconi 385 – 55047 Seravezza (LU)
Email: aipk_toscana@aipkolbeonlus.org

AIPK Onlus Lazio – Via Settembrini 47 – 00013 Fontenuova (Roma)
Email: aipk_lazio@aipkolbeonlus.org

Centri delle Missionarie dell'Immacolata Padre Kolbe

Direzione Generale – Italia
Missionarie dell'Immacolata Padre Kolbe
Viale Giovanni XXIII 19 – Borgonuovo 40037 Sasso Marconi (BO)
Web: www.kolbemission.org

Lussemburgo
Missionnaires de l'Immaculée – Père Kolbe
130, Route d'Esch – L – 1771 LUXEMBOURG

Polonia
Misjonarki Niepokalanej – Ojca Kolbe
Harmęże Ul. Franciszkańska 13 – 32-600 OŚWIĘCIM – POLONIA

Argentina
Misioneras de la Inmaculada – Padre Kolbe
Centro Mariano y Misionero C.C. 311 – 7400 OLAVARRÍA (Bs As) ARGENTINA

Misioneras de la Inmaculada – Padre Kolbe
Santuario Eucaristico 4371 – 1653 VILLA BALLESTER (Bs As) ARGENTINA

Bolivia
Misioneras de la Inmaculada – Padre Kolbe
Centro Mariano y Misionero – C.C. 3 – MONTERO – SANTA CRUZ – BOLIVIA

Misioneras de la Inmaculada – Padre Kolbe
C.C. 2814 – COCHABAMBA – BOLIVIA

Brasile
Missionárias da Imaculada – Padre Kolbe
Rua Atlântica 12, Jardin Do Mar – SÃO BERNARDO DO CAMPO
CEP. 09750480 SÃO PAULO – BRASIL

Missionárias da Imaculada – Padre Kolbe
Rua Giocondo Orsi 1217 – Vilas Boas – CEP 79051-130 CAMPO GRANDE – MS – BRASIL

California
Fr. Kolbe Missionaries of the Immaculata
531 East Merced Avenue – WEST COVINA, CA 91790 U.S.A.

Missionari dell'Immacolata Padre Kolbe

Missionários da Imaculada – P. Kolbe
Casa da Imaculada, Rua Olinda, 41 – Nova Petropolis
SÃO BERNARDO DO CAMPO – CEP 09770-070 SÃO PAULO – BRASIL

Missionari a Roma:
Via Metastasio, 3 – 00040 Pomezia – Roma

I viaggi di Mauro

2002

Nel luglio del 2002 feci un piccolo viaggio in solitaria di tre giorni, direzione Monte Argentario, con una bici da corsa vecchio stampo e una piccola borsa di circa 5 kg. Arrivai a Follonica dopo aver percorso 147 km, incredulo e sfinito, e andai a riposare in albergo. La sera ero stanco, facevo fatica a respirare ed ero preoccupato per il giorno seguente, convinto di non riuscire a pedalare. Invece il mattino dopo stavo bene e continuai il mio viaggio. In tre giorni percorsi 323 km, tornando a casa con tante sensazioni positive. Fu la mia prima esperienza: ero soddisfatto e iniziai a pensare che le mie fantasie potevano diventare realtà.

2003

Nella primavera del 2003 organizzai il tour del centro Italia, programmato in 9 giorni e concluso in 7 alla media di 178 km al giorno. Le tappe principali le feci ad Assisi e Loreto. Sono tornato con un entusiasmo alle stelle e per uno come me, socievole ma chiuso nel parlare di me agli altri, è stato qualcosa di speciale.

Questo giro ha cambiato il mio modo di vivere e di vedere le cose. La condizione fisica era buona e sono riuscito a gestire il diabete in maniera ottimale. Ho tenuto una buona media giornaliera, tutto è andato per il meglio anche se in alcuni momenti sono stato un po' incosciente perché ho rischiato spesso di rimanere senza alloggio. Un'esperienza che mi ha fatto conoscere ancor di più me stesso ed acquisire maggiore dimestichezza anche nel gestire gli aspetti organizzativi e pratici del viaggio.

Iniziai a pensare che avrei potuto coinvolgere anche altre persone che come me avevano il diabete. Pensai ad un nuovo giro che avrebbe coinvolto centro e sud Italia, così contattai il presidente dell'ANIAD (Associazione Nazionale Italiana Atleti Diabetici), il Comune di Massarosa e l'Azienda Farmaceutica Novo Nordisk che produce l'insulina e tante altre persone. Il mio progetto aveva finalità umanitarie: far conoscere e promuovere l'ANIAD, invitare i diabetici a praticare sport e far capire che il diabete, anche con tutte le sue complicazioni, può essere uno stimolo in più di lotta nella vita, e non deve diventare una scusante per rinchiudersi in se stessi.

2004 – Centro e sud Italia

Dal 14 al 28 aprile 2004, ho effettuato un giro lungo 2.359 km, alla media giornaliera di 168 km, nel corso dei quali ho tenuto un diario online ai siti www.aniad.org e www.diabetes.it nel quale ho tratteggiato non solo gli aspetti clinici e medici della mia impresa, ma anche quelli paesaggistici e psicologici. Un giro d'Italia attraverso Pisa, Piombino, Olbia, Cagliari, Catania, Messina, Reggio Calabria, Cosenza, Matera, San Giovanni Rotondo, Foggia, Salerno, Napoli, Roma, Viterbo, Siena, Firenze, Abetone, Lucca, Massarosa.

Sono partito con un bagaglio posteriore pesante 14 kg. Tutto fu più difficile rispetto all'anno precedente; programmai il giro di 14 giorni e lo finii in 15, perché calcolai di percorrere gli stessi km giornalieri del giro passato senza contare che in questo tour c'erano più salite e strade diverse e poi, avendo coinvolto molte persone, ogni giorno o quasi avevo accoglienze organizzate e dovevo essere il più puntuale possibile.

Il momento più duro è stato in Sardegna. La sera del secondo giorno, tempo bruttissimo, una pioggia battente e una temperatura di circa 10 °C, nessuno in giro. Glicemia sempre bassa, pedalavo con la paura di non farcela. Iniziai a pensare ai miei genitori, a mio fratello e nipoti, agli amici, alle persone coinvolte in questo giro e persino alla morte. Ero disperato, iniziai a pregare Dio, a supplicarlo; poco dopo arrivai in cima ad un monte al passo Genna Silana, e scorsi in lontananza le luci del paese di Arbatax. Arrivato in prossimità del paese e non trovando un albergo per pernottare mi misi in mezzo alla strada con la mano alzata a cercare aiuto, finché una coppia di giovani mi diede una mano. Sperimentai in prima persona quanto Dio in quella circostanza mi aiutò!

Il giorno dopo il tempo era ancora brutto e per non perdere il traghetto settimanale Cagliari-Palermo sono stato costretto a

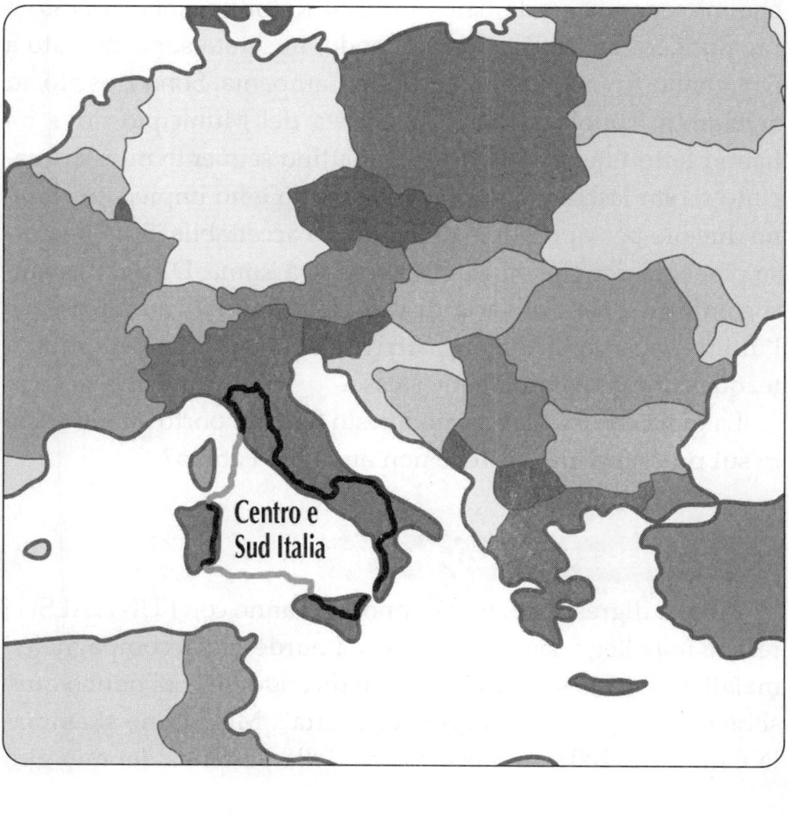

prendere il pullman. Dopo 18 ore di traghetto mi sono trovato ad affrontare in Sicilia il passo del Contrasto tra i monti Nebrodi e le Madonie, luoghi stupendi e incontaminati dove mi imbattevo spesso in cani inferociti che non gradivano la mia presenza! E così una pedalata dopo l'altra, dopo due giorni mi ritrovo in Calabria, ad osservare meravigliato lo stretto di Messina, che bello! L'indomani riparto di buon mattino da Vibo Valentia con l'acqua battente: dovevo essere a Napoli il 23 aprile dove mi attendeva il presidente dell'ANIAD. Fortunatamente smette di piovere ed arrivo a Nova Siri in Basilicata. Da queste parti il vento la fa da padrone, e la tappa Nova Siri-Barletta risulta essere insidiosa, anzi irritante per il forte vento contro. L'indomani con estrema fatica, soprattutto negli ultimi 6 km che mi separavano da San Giovanni Rotondo, sono riuscito a raggiungere Padre Pio. Continuando, in serata sono arrivato a Savignano Irpino al confine con la Campania. Sono riuscito ad arrivare a Napoli puntuale in piazza del Municipio dove mi hanno fatto una grande festa. Il mattino seguente mi è dispiaciuto molto lasciare questa favolosa città e ho impiegato almeno due ore per riprendere un'andatura accettabile in un percorso pianeggiante che mi ha guidato fino a Roma. Da qui in avanti comincio a sentire l'aria di casa. L'ultimo giorno mi riservo l'ultima asperità, l'Abetone. Arrivo in cima in maniera brillante, quasi meravigliato da me stesso.

La gioia che mi ha lasciato questo tour mi portò a fantasticare sul prossimo giro: perché non andare a Fatima?

2005 – Massarosa (Lu)-Fatima

Piccola digressione: mio nonno ogni anno con l'UNITALSI si recava in pellegrinaggio a Fatima e Lourdes ad accompagnare i malati. Spesso io scherzavo con lui dicendogli: "Sai nonno quasi quasi a Fatima io ci vado in bicicletta". Mio nonno si ammalò e morì nel 2004, un mese prima della partenza del mio giro del centro e sud Italia. L'ultimo anno lo passò a letto e io andavo a trovarlo tutti i giorni. Un giorno entrai nella sua stanza, mi misi a sedere vicino a lui in silenzio. Ad un certo punto lui si girò verso di me e mi disse: "Maurino, anda' a Fatima in bicicletta è lontano". E si rigirò dall'altra parte. Ricordando quella frase mi uscirono fuori energie nascoste. Sono partito con la sua foto nel portafoglio, lui mi ha accompagnato per tutto il viaggio ed arrivato a Fatima ho fatto dire per lui una messa alla Cappella del Santuario.

Così dal 5 al 22 aprile 2005 ho effettuato un giro di 2.664 km, alla media giornaliera di 148 km, attraverso: La Spezia, Genova, San Remo, Ventimiglia, Montecarlo, Nizza, Cannes, Saint Raphael, Aix en Provence, Arles, Montpellier, Béziers, Carcassonne, Toulouse, Tarbes, Lourdes, Orthez, Roncesvalles, Pamplona, Logrono, Burgos, Leon, Ponferrada, Santiago de Compostela, Pontevedra, Tuy, Braga, Porto, Coimbra, Leiria, Fatima.

Sono partito con un bagaglio posteriore di 27 kg e con il carrello con una ruota per i bagagli. Un'esperienza che si è rivelata negativa perché alla lunga, anche se la bicicletta è più stabile, il peso è maggiore e la pedalata è più lenta. La sera della partenza avevo già la prima accoglienza a Rapallo da parte del presidente onorario dell'ANIAD. I primi giorni si sono dimostrati subito insidiosi perché psicologicamente non ero ancora pronto al 100% e per i numerosi saliscendi del percorso, ma la Costa Azzurra è stata proprio bella.

Ad Aix en Provence ho incontrato il vento, e ho passato tre giorni da incubo; il punto più critico è stato da Narbonne a Carcassonne, dove, pur essendo in pianura, non riuscivo a fare più di 10 km orari! Arrivato a Lourdes ho ricevuto una bellissima accoglienza organizzata dalla Novo Nordisk. Lourdes ha qualcosa di magico, sono andato in raccoglimento e in preghiera alla grotta delle apparizioni nella tarda serata. Il mattino seguente ho ripreso il cammino e guardando il cancello del Santuario mi sono fatto una promessa: "Qua tornerò presto". Sei mesi dopo, in ottobre, diventai socio UNITALSI e tornai a Lourdes come barelliere.

Il giorno dopo il vento mi è stato un po' favorevole e sono arrivato in Spagna percorrendo il famoso "Cammino di Santiago", facendo conoscenza con persone provenienti da ogni parte del mondo. A Santiago de Compostela mi è stata riservata un'accoglienza speciale; c'erano i miei genitori, due Associazioni di diabetici, i giornalisti, la televisione, il dott. Gerardo Corigliano presidente dell'ANIAD e perfino il sindaco Sánchez Bugallo che ci ha ospitati nel suo studio! Mi è stato difficile lasciare questa splendida città ma mi attendeva Fatima, un mio anti-

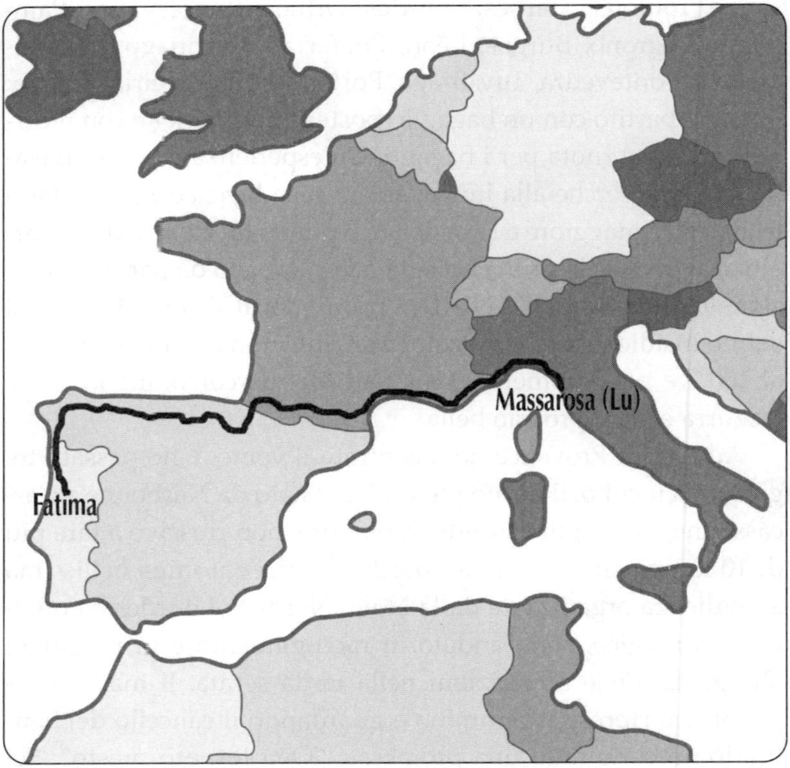

co sogno. Gli ultimi 3 km prima di arrivare a Fatima pedalavo senza mani cantando a squarciagola il Padre Nostro e l'Ave Maria salutando tutti quelli che incontravo; c'era chi contraccambiava, chi rideva e anche chi forse mi avrà preso per matto. L'arrivo fu tanto emozionante che mi misi a piangere davanti alla cappella delle apparizioni. Fu un pianto di gioia, liberatorio, mi ero lasciato la sofferenza alle spalle: un paio di volte mi ero addirittura chiesto "ma chi me l'ha fatto fare?". Sì perché era la prima volta che uscivo dall'Italia, mi è stato difficile farmi capire, soprattutto al ristorante, poi il carrello non era stata una buona idea, poi forse sbagliai la preparazione degli allenamenti e il programma di viaggio... Ma tutto è esperienza che arricchisce e fa maturare.

A giro concluso posso dire che è stata un'esperienza indimenticabile, ho visto posti bellissimi, ma soprattutto ho avuto la possibilità di conoscere persone del posto con cui ho potuto scambiare opinioni e idee. Ho realizzato un sogno e sapete cosa mi sono detto? "Forse se non avessi avuto il diabete non lo avrei mai realizzato". Il diabete cosa mi ha insegnato? A non mollare mai e a lottare sempre.

La glicemia in quei giorni si è mantenuta su valori più che soddisfacenti, ottima durante l'attività fisica, con qualche iperglicemia durante la notte. Facevo tra i 10 e i 12 stick al giorno e il fabbisogno d'insulina è calato quasi del 50%. La mia giornata tipica consisteva nello svegliarsi di buon'ora la mattina (circa alle 6:30), fare una buona colazione (glicemia permettendo) e poi partire in bicicletta. Durante la giornata la mia alimentazione era a base di panini alternati con cioccolata, miele, marmellata e frutta. La sera verso le 18:00 cominciavo a cercare l'albergo e poi andavo al ristorante.

Tornando da Fatima fantasticavo su Capo Nord, una meta raggiunta da due cicloturisti di Sarzana di uno dei quali sono diventato molto amico. Ma per due motivi non lo realizzai nel 2006. Anzitutto, quando studiavo il percorso mi prendeva la paura, non ci dormivo la notte e mi chiedevo "ma che ci vado a fare?". Posti isolati... 5.000 km... non mi sentivo pronto. Questo era dovuto anche al fatto che i giri del 2004 e del 2005 furono molto sofferti. Fisicamente e psicologicamente i momenti difficili li avevo vissuti con poca serenità.

In secondo luogo, sarei uscito dallo scopo prefissatomi nei giri precedenti e cioè di raggiungere sempre un luogo religioso, un Santuario cattolico. La Madonna nera di Czestochowa era un obiettivo possibile, ma pensare di passare dalla Polonia per poi arrivare a Capo Nord diventava troppo lungo.

2006 – Massarosa (Lu)-Czestochowa-Amsterdam

Così l'anno dopo decido per l'est (Santuario di Czestochowa) con arrivo ad Amsterdam. Dal 22 aprile al 12 maggio 2006 ho effettuato un giro lungo 3.252 km, alla media giornaliera di 162 km. Un tour attraverso: Pistoia, Bologna, Padova, Treviso, Udine (Italia), Villach, St. Veit, Judenburg, Vienna (Austria), Bratislava, Prievidza (Slovacchia), Nowy Targ, Wadowice, Czestochowa, Cracovia, Poznan (Polonia), Berlino, Magdenburg, Osnabruck (Germania), Deventer, Lelystad, Den Helder, Alkamar, Amsterdam (Olanda).

Il primo giorno si è rilevato subito insidioso con il difficile valico dell'Appennino da Pistoia a Bologna, anche perché all'inizio devi prendere il ritmo e psicologicamente non sei ancora al 100%. Dopo quattro giorni sconfino in Austria attraversando le Alpi... che spettacolo! Non essendo più in Italia e sapendo solo qualche parola d'inglese si aggiunge una avventura in più: farsi capire anche a gesti! Nelle campagne austriache mi hanno colpito le case talmente raffinate che sembrano cartoline, al contrario della Slovacchia in cui vedi più povertà ma con persone più accoglienti. Vienna e Bratislava sono bellissime, non avevo previsto di passare da Vienna, ma ero in anticipo e mi sarei perso qualcosa, come il suo Prater e la sua ruota incantevole. A Bratislava mi ricorderò anche della caduta: per evitare un'automobile scivolo sulle rotaie del tram ma per fortuna cado quasi da fermo quindi me la cavo con lievi sbucciature alle ginocchia e tanta paura ben visibile anche dallo stick della glicemia di un'ora dopo, in netta ascesa. L'entrata in Polonia è un susseguirsi di emozioni: a Nowy Targ i gestori dell'albergo non mi fanno pagare e mi dicono: "Vai a Czestochowa e prega anche per noi".

A Wadowice, casa natale di Papa Karol Wojtyla, mi sentivo un po' in Italia, mentre a Cracovia c'era ad attendermi il presidente dell'ANIAD Gerardo Corigliano con sua moglie (quasi un rituale dei miei giri) e i miei genitori con cui ho trascorso l'u-

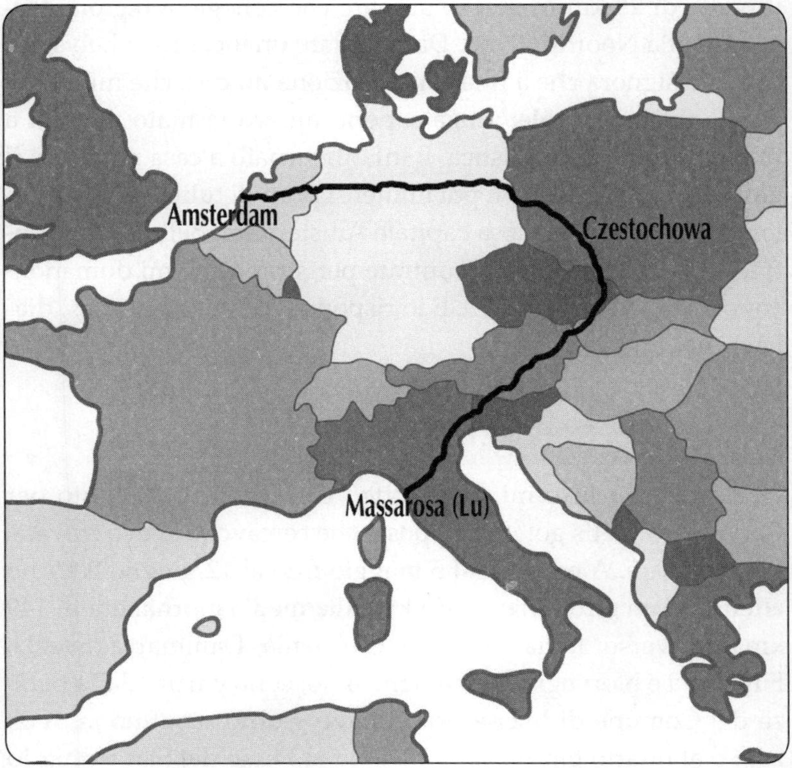

nico giorno senza bici a visitare la città. Il giorno seguente vicino al confine con la Germania mi accorgo di avere un cerchio crepato così con un po' di batticuore arrivo a Berlino e dopo tante ricerche trovo un negozio dove stranamente non hanno un cerchio compatibile con la mia bicicletta! Me ne danno uno un po' ballerino con cui viaggio per circa 300 km. Risolvo definitivamente il problema lunedì sera, trovando un negozio più fornito. Anche con questo inconveniente Berlino l'ho visitata domenica mattina e non avrei mai pensato che mi sarebbe dispiaciuto così tanto lasciarla per proseguire il mio cammino (non c'è solo la porta di Brandeburgo...). Appena sconfinato in Olanda capisci subito che è la nazione per eccellenza della bicicletta: ci sono due piste ciclabili ai lati di ogni strada! Stupendo il ponte di 25 km in mezzo al mare che collega la regione Flevoland alla Noordholland. Da ricordare un incontro a Lelystadt con una signora che a fine conversazione mi dice che mi metterà sul giornale locale: senza saperlo mi ero fermato davanti a una redazione giornalistica. E infatti, tornato a casa mi arriva il giornale con l'articolo. E poi immensi prati di tulipani di più colori e la sua meravigliosa capitale Amsterdam. Bello anche l'entusiasmo delle persone incontrate per strada che mi domandavano: "Are you diabetic?". E io rispondevo con gioia: "Yes, diabetes no limits!".

2007 – Massarosa (Lu)-Capo Nord

A tour concluso mi sono detto "Ora Mauro sei pronto per Capo Nord! Let's go!". Le risposte che cercavo le avevo trovate. Potevo osare. A partire dal 5 maggio fino al 12 giugno 2007 ho effettuato un giro lungo 5.665 km, alla media giornaliera di 149 km, attraverso: Italia, Svizzera, Germania, Danimarca, Svezia, Finlandia e Norvegia. Come ogni anno, sono partito dalla piazza del Comune di Massarosa. Il terzo giorno sconfino in Svizzera e al quarto giorno sono in cima al Passo del San Gottardo di 2.108 metri: ai lati c'è la neve, ma con mio stupore non fa freddo, e che meraviglia da lassù! Sono parole che ho usato spesso in questi 39 giorni. Un momento di dubbio: appena fatto il Passo avevo le gambe dure come sassi e mi sentivo già in crisi. Invece il giorno seguente (con mia incredulità) una pedalata sempre agilissima mi permette di fare 146 km! Passata la Svizzera tutta montuosa mi appresto ad attraversare la Germania da sud a nord. Mi sono fermato nello stesso albergo dello scorso anno, ad Hildesheim, quando venivo da Berlino direzione Amsterdam: mi ha fatto enormemente piacere che mi abbiano ricordato. Ricordo della Germania la bellezza dei palazzi altissimi di Francoforte e la particolarità delle cittadine di Lüneburg e Lubecca.

Poi ho attraversato la Danimarca, in tre giorni. A Copenaghen ho ricevuto l'accoglienza della Novo Nordisk (la sua sede principale europea è qua). Erano presenti la televisione, un giornalista e alcuni ciclisti, il dottor Federico Serra e la sua segretaria dottoressa Arianna Baroni della Novo Nordisk italiana venuti appositamente da Roma per l'occasione. Il giorno successivo entro in Svezia e percorro il suo territorio per la bellezza di 14 giorni: quanto è lunga! Vedendo la cartina si può pensare che, essendo tutta costa, sia tutta pianura... Assolutamente no: quanti saliscendi! In più, passato Sundsvall, c'è sempre la compagnia del vento, ed è quasi sempre contro! Stoccolma è proprio una città bellissima, con tanti ponti. Qui ho incontrato i miei genitori. Da citare tra le tante esperienze l'alloggio nella casa dei pescatori a Gashlona.

Una volta in Finlandia, Capo Nord è vicina. Rovaniemi è la città di Babbo Natale e del confine del Circolo Polare Artico: da qui in poi quante foto ho fatto! Ho trovato tante renne che attraversavano la strada, non solo in zone disabitate ma anche nei paesini: naturalmente hanno la precedenza e bisogna farle passare. Le strade sono isolate: arrivavo alla sera (per modo di dire, perché là d'estate non fa mai notte) che avevo incontrato più renne che esseri umani. Bella la galleria sotto il Mar Artico lunga 7 km e suggestivo il sole di mezzanotte. Il tempo è stato assai clemente: è piovuto poco, e così non ho dovuto fermarmi. In compenso, ho avuto spessissimo la compagnia del vento, che mi ha permesso comunque di pedalare, anche se ho fatto un po' più di fatica. Poi a 24 km da Capo Nord è stata più dura: non riuscivo ad andare avanti! Ho provato anche a camminare per qualche tratto, ma era così forte da farmi cadere la bicicletta mentre camminavo. Sono dovuto tornare indietro. In campeggio mi hanno detto che il vento aveva la velocità di 12 metri al secondo, e a Capo Nord addirittura soffiava a 15-18 metri al secondo! Così sono arrivato il giorno dopo, con meno vento, ma comunque ho dovuto percorrere qualche tratto a piedi, e sotto la pioggia, con una temperatura di 2 °C. La soddisfazione è stata davvero enorme: è proprio vero che quanto più un obiettivo è difficile da raggiungere, tanto più grande è la gioia di avercela fatta. L'utopia Capo Nord si è trasformata in realtà quel giorno. Missione compiuta.

Visto che ero in anticipo non ho concluso il mio giro ad Alta come previsto ma a Tromso, 400 km più a sud, al secondo scalo dell'aereo. Contemplando i posti meravigliosi, i panorami, la pace del Nord Europa e la natura, anche uno di poca fede riesce a sentirsi più vicino a Dio. La mia forza in più è stata la preghiera.

Anche se in Scandinavia molte volte mi sono trovato a mangiare cose assai diverse dalla mia abituale alimentazione, e forse nemmeno troppo adatte, la glicemia in quei giorni si è mantenuta su valori più che soddisfacenti.

Un motto improvvisato nel viaggio: durante gli incontri quotidiani, le persone mi dicevano "you crazy" (tu matto) e io rispondevo "Mauro bike smile" (bicicletta felice) e "Mauro no bike no smile" (no bicicletta no felice). Così ridevano dicendomi "good luck" (buona fortuna).

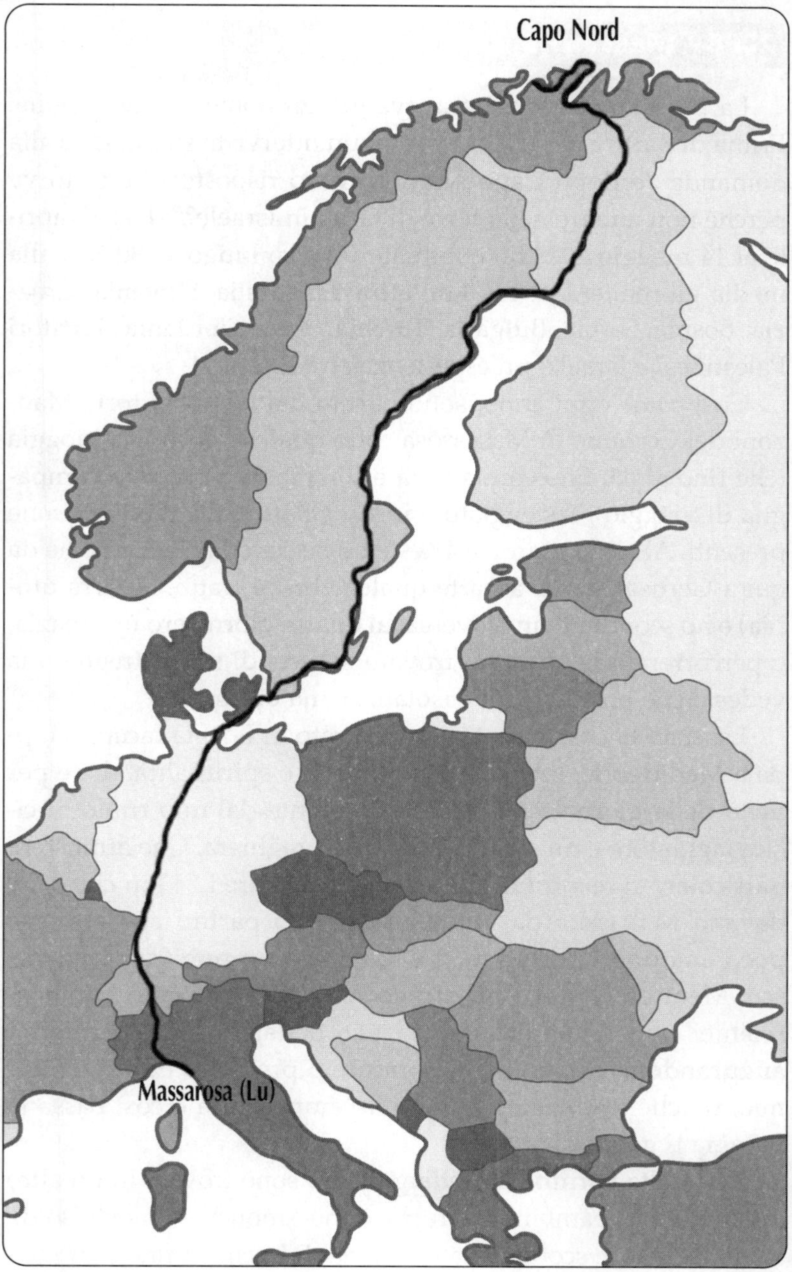
Capo Nord
Massarosa (Lu)

2008 – Massarosa (Lu)-Gerusalemme

La prossima avventura aveva già un nome: Gerusalemme. Prima di partire per Capo Nord in un'intervista su Rai Uno alla domanda "e dopo Capo Nord?" avevo risposto: "Se tutto va perché non andare nella terra di Gesù in Israele?". Dal 12 aprile al 14 maggio 2008 ho effettuato un giro lungo 4.680 km, alla media giornaliera di 146 km, attraverso Italia, Slovenia, Croazia, Bosnia, Serbia, Bulgaria, Turchia, Siria, Giordania, Territori Palestinesi e Israele: un'esperienza straordinaria.

Così come ogni anno, sono partito dal teatro Vittoria Manzoni del Comune di Massarosa sotto qualche goccia di pioggia (che fino al confine con la Siria è stata tante volte mia compagna di viaggio), festeggiato e incoraggiato dalle tante persone presenti. Al terzo giorno a Trieste ho lasciato la pianura (che da qui a Gerusalemme, a parte qualche breve tratto, diverrà utopia) e ho sconfinato in Slovenia, al quarto giorno ero in Croazia, e percorrendo la costa ho trovato saliscendi senza tregua, ma vedeste che posti… aridi e isolati, sì, ma bellissimi!

Lasciata la costa croata sono entrato in Bosnia facendo tappa a Medjugorje, luogo di grande fede e spiritualità, dove per metà della giornata ho staccato la mente dal mio ruolo di cicloviaggiatore e mi sono calato nella preghiera. Che atmosfera particolare si respira là! Difficile dimenticare i 74 km che dividevano Makarska da Medjugorje: sono partito che pioveva poco, ma dopo pochi km si è scatenato un nubifragio pazzesco. Mentre pedalavo mi dicevo "sei un incosciente, un incosciente!" ma ormai ero lì e dovevo pedalare senza fermarmi augurandomi di non avere forature o problemi tipo ipoglicemia, perché se ti fermi quando la temperatura è così bassa la pioggia ti gela.

Una volta partito da Medjugorje mi sono trovato in un altro mondo: molti bambini che ti chiedono "money, money" (soldi, soldi), le strade sconquassate e piene di buche (a fine tour conterò 16 forature), enormi cimiteri… Lungo la strada ho incontrato resti e macerie di case abbandonate a causa della guerra, mentre in Bulgaria ho vissuto un episodio in cui ho avuto un po' di paura: mi trovavo in un posto isolato e avevo appena finito di riparare la bici a causa dell'ennesima foratura, ad un certo punto si è fermata una macchina su cui viaggiavano quattro tipi loschi, uno di loro mi ha detto in maniera aggressiva di cambiare i soldi da lui, euro in cambio di moneta bulgara, e mi ha offerto altre cose, tutte illegali ovviamente. Io ho rifiutato, sono ripartito e poco dopo li ho visti fermi ad una piazzola di sosta, e dopo qualche chilometro mi hanno superato a colpi di clacson.

Poi ho attraversato la Turchia da nord-ovest a sud-est in 13 giorni. Tra i tanti episodi come non sottolineare i tè offerti lungo la strada, appena mi fermavo in un piccolo paese poco dopo ero circondato da tante persone, e come in un film western avevo proposte di pernottamento con il facchino subito pronto ad aiutarmi. Come per esempio ad Elmadag, dove quando sono arrivato era già buio e la gente del posto mi ha trovato alloggio in una caserma. Non è stato semplice: ero circondato da ragazzini in bicicletta che mi facevano domande, mi toccavano, e un ragazzo provò a rubarmi 20 euro (ero in trattativa per cercare un alloggio): mi girai di scatto e lui imbarazzato me li riconsegnò subito. Fu un gesto d'istinto, conseguenza della povertà. Gli diedi una pacca sulla spalla e vai! E Istanbul? Gran bella città ma davvero caotica. Poi la Cappadocia, un museo a cielo aperto: case, chiese, monasteri costruiti nella roccia, sottoterra. Pedalavo e intorno a me vedevo solamente caminetti e paesi da lontano, tutto di pietra lavorata. A Urgup ho incontrato il mio "angelo ciclopellegrino", ossia Emanuele Bellini, "il portatore di insulina" anche lui diretto a Gerusalemme (era partito dalla Cappadocia). L'insulina dopo 25-30 giorni a temperatura ambiente non è più efficace. L'anno precedente durante il viaggio a Capo Nord a metà percorso erano venuti i miei genitori a portarmela. Qui è venuto Emanuele, ecco perché l'ho chiamato "angelo ciclopellegrino". Devo dire che, a parte il primo giorno in cui ho trovato un po' di difficoltà ad adattarmi a pedalare in due, gli altri tre giorni passati insieme fino ad Iskenderun sono stati bellissimi, un'esperienza nuova e positiva per me, durante la quale siamo stati ospitati anche da suore e da monaci. Dopo 4 giorni di pedalata condivisa ci siamo salutati e dati appuntamento a Gerusalemme.

Passata la Turchia, il Paese più accogliente dove io sia mai stato, ho realizzato che avrei attraversato il deserto: suggestivo! E chi l'ha detto che è tutto pianeggiante? Un continuo dislivello come in Siria, che variava dai 400 metri ai 1.400 metri, in Giordania con altimetria più bassa, con tanti saliscendi, a 35 °C sotto

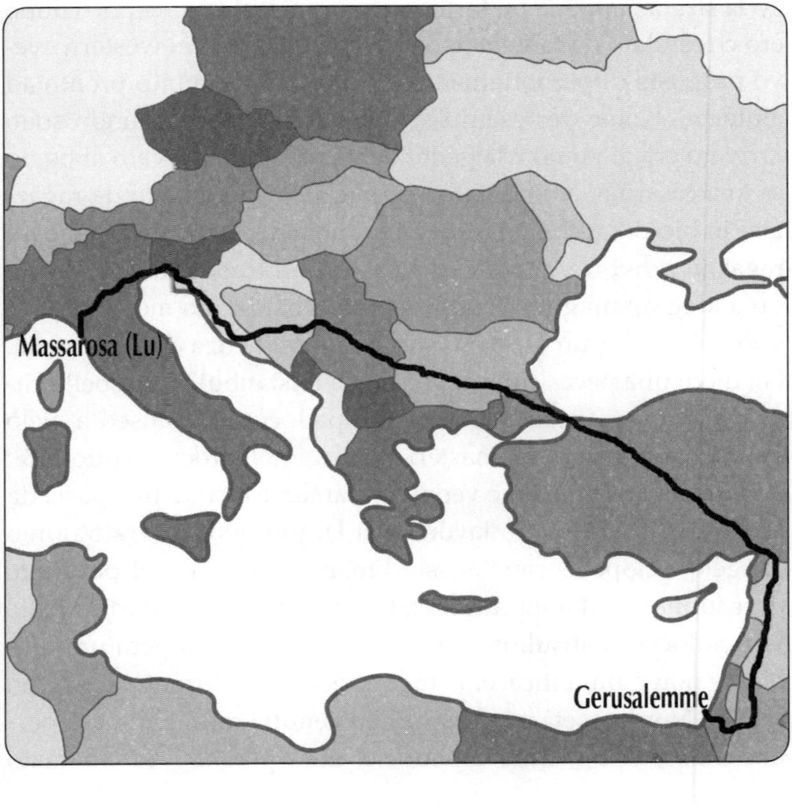

al sole. Da citare in Siria la visita al "Krak dei Cavalieri": 4 km con una salita al 18-20%, un castello-fortezza costruito dai crociati su di un alto colle, che spettacolo! L'entrata in Israele mi ha provocato diversi stati d'animo: entusiasmante, spettacolare, sensazionale ma anche qualche attimo di nervosismo per la stanchezza, per le tre ore perse nella dogana del Ponte Halleby tra Giordania e Israele, forse la più controllata al mondo e meno male che non sapevo l'inglese, quante domande! Io rispondevo sempre "Italia, Israel, bike, I have diabetes, no limits". Tra la Giordania e Israele ci sono 3 km denominati "Terra di Nessuno", dove si può passare soltanto con permesso speciale governativo o solo in bus. Alla mia domanda "why no bike?" i soldati mi hanno risposto "if you bike..." facendomi cenno di azionare il grilletto della pistola. A quel gesto deciso ho replicato immediatamente: "bus no problem!".

Pernotto in un kibbuz a Kalia sul Mar Morto sorvegliato all'entrata da ragazze militari simpaticissime e sorridenti. Il giorno dopo dai 400 metri sotto il livello del mare sono arrivato ai 700 metri di Gerusalemme percorrendo il deserto della Giudea. Il momento che mi ha portato alla realtà (in questo giro irrealmente straordinario) è stato quello in cui ho visto un semplice cartello con scritto "Welcome to Jerusalem". Una volta arrivato sono stato accolto da un giornalista, un fotografo e un interprete italiano e mi sono riservato di visitare la Città Santa nei giorni a seguire. La visita del Santo Sepolcro dove Gesù è risorto, della via Dolorosa, del Monte degli Ulivi, della Basilica della Natività a Betlemme, l'accoglienza non programmata di Padre Severino, e il ritorno nel deserto sempre in bici fino a Gerico (dove ho avuto qualche problema con un gruppetto di ragazzi, che mi hanno infastidito strattonandomi e tirandomi un sasso sulla bici) e sul Monte delle Tentazioni di Gesù sono state esperienze molto toccanti. Chi ha fede riesce veramente a sentire la presenza di Cristo. Al ritorno da Betlemme, a tour già concluso, a 3 km da Gerusalemme ho avuto un piccolo imprevisto: una macchina mi ha tagliato la strada, io ho frenato ma essendo vicino e con i freni finiti sono andato a sbatterci contro, cadendo e facendomi male ad un ginocchio, oltre a qualche altra escoriazione. Fortuna ha voluto che il fatto accadesse proprio di fronte ad una farmacia, peccato però che una volta uscito non ho trovato più il tipo che mi aveva fatto cadere, si era volatilizzato insieme alla sua macchina…

In questo giro ho verificato che l'accoglienza è un valore che noi, italiani, europei, la cosiddetta "società progredita" abbiamo perduto: anzi quanto più il paese è povero "materialmente" tanto più è alto il calore umano! Per esempio in Giordania stavo percorrendo una salita nel deserto brullo e salivo a zig zag, così un uomo da una jeep mi urla qualcosa, ma io, stanco e nervoso, gli dico "italiano, italiano, I don't understand". Lui cambia senso di marcia, mi sorpassa e mi fa capire che è disposto a darmi un passaggio in cima. A quel punto mi fermo e gli dico: "no grazie ma facciamo amicizia". Cinque minuti intensi! Come capirsi? Quando c'è interesse nel comunicare ti capisci sempre, a gesti… senza problemi. Anche se sappiamo parlare tutte le lingue del mondo, non ci sarà mai comunicazione vera se l'altra persona non è interessata.

Dopo l'ultimo viaggio del 2008 ho pensato di prendermi una pausa e per il 2009 non avevo organizzato nulla, ma verso la fine del 2008 nacque qualcosa di inspiegabile, qualcosa che io credo sia frutto di Gesù e di Maria. Nel dicembre del 2007 avevo partecipato a un'esperienza di fede forte, organizzata dalle Missionarie dell'Immacolata Padre Kolbe conosciute leggendo un trafiletto su «Famiglia Cristiana» che parlava di vivere il Capodanno in "modo alternativo": Capodanno con Maria, un incontro di preghiera per giovani dai 18 ai 35 anni. Ero tornato da questo incontro di preghiera con l'entusiasmo a mille, con una sensazione simile a quella che provai al ritorno dal mio viaggio nel 2003.

Nell'ottobre del 2008 vengo invitato da Marina ed Elena,

due ragazze che abitano vicino alla mia zona, a un incontro che si svolge tra soci e amici dell'AIPK Onlus, dove conosco Katia e Stefania, due ragazze che portano una testimonianza di esperienza Missionaria vissuta nell'agosto del 2008 in Bolivia. Le ascolto con interesse.

Dato che ogni anno le Missionarie, con tematiche diverse, propongono questo "Capodanno con Maria" e vista l'esperienza positiva nel dicembre del 2007, mi iscrivo nuovamente per partecipare a quello del 2008. A questo incontro ritrovo le stesse due ragazze che erano andate in Bolivia. Ascoltai nuovamente la loro testimonianza e quello che scattò in me immediatamente fu inspiegabile. Durante il loro racconto sentii qualcosa dentro, una voce che mi diceva: "parti Mauro, parti per quei posti...". E così iniziai a pensare, a fantasticare di un viaggio in Sud America. Appena tornato a casa chiamai mio fratello Massimiliano, gli chiesi di raggiungermi perché avevo bisogno di parlargli. Arrivò immediatamente, gli diedi una pacca sulla spalla e gli dissi: "Massimiliano si riparte". Mentre gli anni precedenti prima di decidermi sulla destinazione meditavo a lungo, quest'anno nel giro di 20 minuti avevo compreso cosa dovevo fare!

Iniziai a consultare le cartine e a fare dei possibili programmi e dopo dieci giorni contattai Marta, Missionaria dell'Immacolata Padre Kolbe e presidente dell'AIPK Onlus, per presentarle il mio programma, il mio viaggio, questo viaggio.

Sport e diabete

La storia dello sport

Dove sta andando lo sport del XXI secolo? La partecipazione delle persone rispetto all'attività fisica nel corso degli anni è sempre la stessa? E in particolare cosa pensano i giovani dello sport e delle attività fisico-motorie e quali sono i loro atteggiamenti?

Lo sport agonistico (inteso nella sua forma di scontro pacifico senza uso di sostanze o mezzi capaci di alterarne il risultato finale ma nella forma di spettacolo utile ai fini educativi per i giovani) con i suoi molteplici connotati (sollecitazione a ricercare il miglior risultato, confronto con l'altro, impegno intellettivo, sviluppo armonico del fisico, socializzazione, educazione alla lealtà) è presente da molto tempo, al punto che già nell'epoca preistorica ci sono i primi ritrovamenti di esempi di arte rupestre raffiguranti cerimonie rituali con attività fisica (uomini che tirano l'arco, nuotano) oppure la pratica nel mondo egizio al tempo dei faraoni di molte attività sportive (lotta, giochi con palla, nuoto, pugilato, pesca, canottaggio, atletica, ginnastica), fino ai ritrovamenti di pratiche di attività sportive (corsa, lancio del giavellotto e del disco, salto in lungo, pugilato, pentathlon, caccia) nell'antica Grecia patria delle Olimpiadi, in cui oltre alla celebrazione dell'evento sportivo (in origine soprattutto religiosa in onore di Zeus nella città di Olimpia) si assiste all'esaltazione dell'eccellenza individuale. Nella stessa Roma antica, con i combattimenti tra i gladiatori nel Colosseo, si elogia la competizione fisica a cui si associa anche il culto del benessere fisico molto curato anche sotto il profilo estetico. Solo verso la metà del XIX secolo si avverte la necessità di considerare la pratica dell'educazione fisica come strumento per il miglioramento psico-fisico dei giovani (denominata ginnastica educativa) al punto che in seguito alla legge De Sanctis del 1878 si ribadisce l'obbligatorietà del suo insegnamento in tutte le scuole italiane.

Tuttavia fino ai primi anni del Novecento lo sport in Italia rimane un fenomeno piuttosto limitato, affermatosi in ritardo rispetto agli altri Paesi europei, senza divenire un fenomeno di costume al punto da essere circoscritto ad una pratica d'élite per lo più borghese. Infatti in tal periodo si assiste alla mutazione del concetto della ginnastica in favore del moderno concetto di sport grazie alla diffusione della pratica del ciclismo (Tour de France nel 1903 e Giro d'Italia nel 1909) e della nascita della FASCI (Federazione associazioni sportive cattoliche italiane) che implica uno spostamento verso sud del baricentro dell'attività sportiva con una maggiore capillarizzazione sul territorio nazionale; tuttavia pur sorgendo nel 1927, a seguito della nascita del Coni e delle Federazioni sportive, il sistema sportivo in Italia viene rivisto in senso democratico solo dopo la caduta del fascismo. Durante il fascismo, inoltre, è importante anche il ruolo della donna nello sport, in quanto si diffonde la convinzione che l'attività sportiva la renda sana e forte e quindi in grado di dare alla patria figli sani e forti; viceversa nel periodo precedente il fascismo si è convinti dell'inadeguatezza fisiologica della donna alla pratica sportiva per conservatorismo e miopia culturale.

L'inaugurazione grandiosa dei Giochi Olimpici di Roma 1960 e la capillare diretta televisiva (novità assoluta nella storia dei giochi) riesce ad accattivare il pubblico facendo penetrare l'evento nelle case degli italiani. Si creano veri e propri miti intorno ad alcuni atleti, come il velocista Livio Berruti vincitore nei 200 metri, e ai successi riscossi nel ciclismo e nella scherma.

Agli inizi degli anni '60 la pratica sportiva non investe neanche il 3% della popolazione (indagine ISTAT 1959: 2,6% degli italiani svolge un'attività sportiva, di cui il 90% di sesso maschile); dati recenti ISTAT (2000) vedono invece impegnato in attività sportive il 20% della popolazione complessiva oltre i 6 anni e quasi il 45% di quella giovanile fino ai 19 anni. Così fino agli anni '70-'80 si osserva una partecipazione più contenuta alla pratica sportiva e più massiccia agli eventi sportivi proprio per le caratteristiche di una società contraddistinta per lo più da una cultura agropastorale e da un incipiente industrialismo, dove il bisogno di moto (che implica la diffusione di sport) è soddisfatto da un "vivere" motorio ben equilibrato e diffuso nella routine quotidiana (lavori domestici manuali, recarsi a scuola o a lavoro a piedi, ritrovarsi nel tempo libero negli spazi vitali della città, salire e scendere scale a piedi) e le stesse abitudini alimentari rispecchiano le condizioni di vita frugali con assunzioni limitate in termini calorici (giornata lavorativa ad orari spezzati con rientro a casa per il pasto). Viceversa l'attuale costume sportivo è ben consolidato nella società moderna, sia in termini di affluenza agli spettacoli sportivi che di pratica diretta (sport di massa) proprio per contrastare i ritmi incalzanti della vita produttiva (necessità di accelerare le comunicazioni, incrementare l'aspetto produttivo, ma anche accorciare gli spazi con conseguente diminuzione di spesa energetica) e di relazione (forme di comunicazione a distanza), ma anche la sedentarietà (passaggio diretto dall'automobile alla scrivania davanti al computer, ai teleschermi della tv, il principe degli elettrodomestici; recarsi a scuola con l'autobus o a lavoro con l'auto; ritrovarsi nel tempo libero nei centri commerciali o nelle discoteche; utilizzo di elettrodomestici e di ascensori, ecc.) e gli stessi nuovi modi di nutrizione (pasti veloci ai fast food, assunzione di cibi ipercalorici ma poco sazianti: crackers, merendine, bevande gassate, ecc.).

Di fronte al cambiamento e all'evoluzione della società (dell'immagine e dell'informatica) l'avvicinamento allo sport non avviene più solo per agonismo e competizione, proprio perché diventano primari altri motivi come l'occupazione del tempo libero, il divertimento, la socializzazione e il benessere psicofisico (fitness); pertanto l'attività sportiva diviene principalmente un momento di svago che consente all'individuo di reagire allo stress (scarico di pulsioni) e allo squilibrio psico-fisico indotto dalla società moderna, un importante strumento di socializzazione e di formazione (con una forte valenza educativa) che si svolge soprattutto in forme organizzate (si riducono notevolmente le forme spontanee).

L'associazionismo sportivo rappresenta il modo privilegiato di aggregazione dei giovani italiani e in linea con la nuova concezione di attività sportiva esistente (il corpo inteso anche come strumento di dialogo e di interazione con gli altri) si assiste con maggior fervore alla diffusione di attività motorie non federali né olimpiche (trekking, jogging, scalate, pilates, kinesis, ecc.) che animano la vita quotidiana di un numero sempre più crescente di persone.

Sport e salute

La spiccata urbanizzazione e diffusione sia dei mezzi di trasporto che degli elettrodomestici se da un lato ci ha portato all'incremento della speranza di vita, al punto che nel nostro Paese si contano sempre più numerosi i centenari, dall'altro ha contribuito, insieme a un inadeguato apporto calorico (sia in termini di quantità che di qualità), alla creazione di uno stile di vita squilibrato che diminuisce i momenti di attività fisica.

Un numero sempre crescente di persone conduce una vita sedentaria, che costituisce una condizione predisponente insieme a una cattiva alimentazione di importanti patologie: diabete di tipo 2 non insulino-dipendente, problemi cardiocircolatori (infarto, ictus, insufficienza cardiaca), sovrappeso e obesità, osteoporosi e/o artrite, ipertensione arteriosa, aumento dei livelli di colesterolo e trigliceridi nel sangue, alcune forme di tumori (mammella, colon, retto). Tuttavia ciò che più di tutto allarma non è solo il notevole numero di persone inconsapevoli di essere diabetiche, quanto piuttosto il preoccupante incremento repentino di bambini in sovrappeso che si muovono sempre di meno, come dimostrato recentemente dall'indagine "Okkio alla Salute" dove, su 45.590 bambini di 3° elementare in 18 regioni italiane, solo 1/10 pratica attività fisica in modo adeguato alla sua età, il 12,3% è obeso e l 23,6% in sovrappeso, al punto che l'Italia presenta il tasso di obesità infantile più elevato in Europa.

L'attività motorio-sportiva, pertanto, praticata in maniera regolare e ad intensità moderata, rappresenta un imponente fattore protettivo per le malattie cardiovascolari e il diabete, sia in termini di mortalità che di morbilità (incidenza di nuovi casi). Inoltre può assumere un ruolo determinante sia come canale di sfogo della naturale esuberanza, sia come veicolo di educazione generale e formazione che abitua all'impegno e al confronto, sviluppando sia la consapevolezza del lavoro di gruppo che la solidarietà e la tolleranza, oltre a condizionare il benessere fisico fino all'età adulta.

Lo stesso Ministero della Salute, nell'ambito del programma "Guadagnare salute", un iniziativa intersettoriale (prevede il coinvolgimento dei vari ministeri), promuove delle strategie e ipotesi di intervento, mediante progetti specifici, per rendere più facile il muoversi e il fare attività fisica e quindi per indurre alcuni cambiamenti di opinioni e di comportamenti quotidiani (attraverso un'idonea campagna informativa) in grado di contrastare l'insor-

favorire l'attività fisica nell'ambiente urbano o domestico	- libertà di movimento; - facilitare la scelta di un trasferimento fisicamente attivo; - utilizzo di spazi comuni.
investire nell'attività motoria durante l'orario scolastico nelle scuole primarie	- agevolare migliori condizioni per la pratica di attività fisica negli istituti secondari (maggiore diffusione di una nuova cultura dello sport e del movimento tra i giovani).
favorire l'attività fisica al lavoro e nel tempo libero	- creazione di infrastrutture; - agevolazioni fiscali (per gli oneri sostenuti per lo svolgimento di attività sportive); - identificare i luoghi di lavoro come una delle sedi in cui promuovere l'attività fisica per gli adulti.

genza di patologie croniche facendo guadagnare "anni di vita in salute" ai cittadini. Ecco nel dettaglio alcuni punti salienti del programma:

Alcuni piccoli e semplici consigli pratici per rimediare ai danni causati dall'inattività fisica: •evitare di stare a lungo seduti o troppo in piedi fermi in uno spazio limitato e senza cambiare posizione; •alzarsi e muoversi spesso, fare anche piccole camminate all'interno dell'ufficio o delle mura domestiche; •evitare di stare seduti con le gambe accavallate e di indossare biancheria o indumenti che stringano all'inguine; •distendere e roteare i piedi e le caviglie o contrarre i polpacci in modo che la pompa muscolare faccia circolare il sangue; •salire e scendere le scale a piedi per raggiungere la destinazione; •bere acqua per mantenere l'organismo idratato.

Vantaggi e limiti dell'attività motorio-sportiva nelle diverse età della vita

La regolare attività fisica può accrescere e mantenere la salute delle ossa e dei muscoli e ridurre il declino prodotto dall'avanzare dell'età; produce benefici psico-sociali: incremento della capacità di socializzazione nei bambini, percezione positiva della propria immagine nella donna e accrescimento di autostima nei ragazzi e negli adulti. In particolare negli anziani contribuisce a mantenere l'elasticità e la forza, ma anche l'autonomia, riducendo il rischio di cadute e fratture.

I principali effetti benefici dell'attività motorio-sportiva agiscono su cinque aree di intervento:

1. ***protezione ed efficienza cardiovascolare e respiratoria***: aumento della funzionalità del cuore (riduzione della frequenza cardiaca a riposo, diminuzione degli atti respiratori e della frequenza cardiaca dopo lo sforzo fisico, facilitato ritorno venoso, maggiore elasticità dei vasi sanguigni e irrorazione in periferia, ecc.), diminuzione della pressione arteriosa (per ridotte resistenze in periferia), aumento del colesterolo "buono" HDL;
2. ***controllo del peso corporeo***: aumento della massa magra (metabolicamente attiva) e riduzione della massa grassa, maggior consumo (ossidazione) dei trigliceridi contenuti nelle cellule grasse (adipociti) con conseguente calo ponderale;
3. ***efficienza dell'apparato muscolo-scheletrico***: corretta postura, migliore mobilità articolare, coordinazione, equilibrio e percezione del sé, maggiore trofismo (stato di nutrizione) e forza muscolare (ottimo rimedio contro la "sarcopenia" senile), maggiore elasticità e potenza dei legamenti articolari, conservazione della massa ossea;

4. ***sistema endocrino-metabolico mediante stimolazione e regolazione degli ormoni***: stimolazione dell'ormone della crescita, rilascio di endorfine (sostanze positive), controllo della glicemia, miglioramento del metabolismo energetico, controllo del livello dei grassi nel sangue;
5. ***sfera psichica***: aumento della forza di volontà e dell'autostima, controllo dello stress e miglioramento della resistenza alla fatica (buona adattabilità e capacità di socializzazione), miglioramento della qualità del sonno. A ciò si associano il divertimento e il piacere (coinvolgimento emotivo) che portano il soggetto in uno stato di benessere generale.

Ai fini della salute non tutti gli sport sono equivalenti, in quanto mostrano una diversa efficacia nelle varie aree di intervento; in linea di massima le attività sportive che meglio preservano la nostra salute sono il ciclismo, la corsa prolungata, il nuoto (fondo) e lo sci di fondo, altresì attività non propriamente "sportive" come le lunghe passeggiate e il trekking sono da considerarsi salutari.

Tre i parametri fondamentali a determinarne i benefici:

- la ***durata***: una breve attività sportiva non consente all'organismo di mettere in atto gli adattamenti positivi, per cui 10-20 minuti al giorno sono insufficienti mentre con 3-4 ore alla settimana si possono ottenere risultati significativi (secondo lo studio di Harvard con 6-8 ore di attività alla settimana si hanno i massimi effetti);
- l'***intensità***: è un parametro fondamentale soprattutto per la stimolazione dell'ormone della crescita o per l'efficienza muscolare. Bassi livelli di intensità possono portare il soggetto a una riduzione progressiva dell'attività con conseguenti difficoltà sulla durata, per cui si consiglia di agire prima sul volume (quantità di esercizi eseguiti in termini di ripetizioni e di serie) e poi sull'intensità del carico in modo da ottenere significativi miglioramenti del carico interno (ad esempio: riduzione della frequenza cardiaca a riposo).
- la ***regolarità***: solo se si è allenati (attività fisico-sportiva continua, programmata e strutturata) si possono ottenere i molteplici effetti benefici; anzi un'attività sportiva saltuaria, disordinata ed esagerata può creare delle condizioni spiacevoli e anche piuttosto serie (fonte di infortuni e complicanze anche gravi).

Così tutte le capacità motorie possono essere sviluppate senza pericolo purché si seguano sempre i criteri di progressività, gradualità e simmetria di lavoro muscolare.

Il principale obiettivo dell'attività sportiva nell'età evolutiva consiste nello sviluppo armonico generale del fisico, in un contesto di educazione e formazione della personalità. Invece nell'età adulta, tenendo presente la progressiva riduzione ed efficienza delle funzioni fisiologiche generali a partire dai 30 anni in poi (abbassamento del metabolismo basale o consumo a riposo, tendenza all'accumulo del grasso sottocutaneo, indurimento delle arterie con aumento della pressione arteriosa e del sovraccarico del cuore, perdita di elasticità dei polmoni, muscolatura meno forte ed elastica, assottigliamento delle cartilagini articolari con perdita di massa ossea), un'attività fisica ben programmata può contenere l'aggressione del tempo sia sul fisico che sulla mente.

Ciò nonostante, se l'attività fisica viene condotta sporadicamente e senza criterio può indurre possibili rischi: morte improvvisa per patologie al miocardio o malformazioni cardiache e circolatorie (nei giovani) o per malattie alle coronarie (negli adulti anziani); dispnea da sforzo (asma, malfunzionamento del ventricolo sinistro, ecc.); colpi di calore; patologie da raffreddamento (angina, crisi ipertensive, broncospasmo negli asmatici); artrosi, astenia da sforzo dopo riposo, dolore muscolare. Tuttavia gli effetti collaterali dell'attività sportiva risultano essere di gran lunga inferiori ai danni prodotti dalla sedentarietà.

L'attività motorio-sportiva, pertanto, se praticata con i dovuti modi e sotto la supervisione di un esperto del movimento (laureato in Scienze Motorie), può essere considerata un valido investimento sulla salute futura, a prescindere dall'età.

Diabete e attività motorio-sportiva: vantaggi e limiti

Ai fini della promozione della salute, processo che consente alle persone di esercitare un maggior controllo sulla propria salute e di migliorarla, uno degli obiettivi principali di una regolare attività fisica nelle persone con diabete consiste nella diminuzione non repentina della glicemia (livello di zucchero nel sangue) in modo da prevenire o ritardare le complicanze; in particolare durante lo sforzo fisico le cellule muscolari divengono maggiormente permeabili (più sensibili) al glucosio (zucchero) che può diffondersi liberamente dal sangue all'interno delle cellule.

Con l'allenamento, inoltre, si tende a utilizzare come carburante di energia principale proporzionalmente più i grassi che gli zuccheri, per cui lo zucchero depositato (glicogeno) dura più a lungo e ciò consente da un lato di migliorare la resistenza allo sforzo/fatica e dall'altro di evitare complicanze nell'immediato o a distanza di ore dal termine della seduta. Di fatto i muscoli sono particolarmente sensibili alle scorte interne di glicogeno e quando queste sono esaurite un lavoro abbastanza intenso non può essere continuato. Pertanto risulta fondamentale il corretto utilizzo di glucosio da parte dell'organismo affinché il livello dei corpi chetonici (fonti energetiche alternative agli zuccheri e prodotto finale del metabolismo degli acidi grassi) non superi nel sangue i valori tossici di 0,6 mmol/L. Infatti se l'attività fisico-sportiva viene svolta in presenza di basse concentrazioni di insulinemia (poca insulina circolante) si osserva un eccessivo aumento della glicemia (rischio di severa iperglicemia parodossa) per una maggiore mobilizzazione di glucosio dalle sedi di deposito, ma anche un maggior utilizzo di substrati non glucidici (ossidazione degli acidi grassi liberi) e conseguente loro conversione in corpi chetonici. In tali condizioni (valori glicemici maggiori di 250 mg/dl circa e presenza di chetoni nell'urina) è meglio rimandare l'esercizio fisico onde evitare conseguenze piuttosto gravi (scompenso glicometabolico fino ad esiti di una grave chetoacidosi). Viceversa se c'è troppa insulina circolante (iperinsulinemia periferica) il glucosio utilizzato dai muscoli non viene prodotto in maniera equilibrata dal fegato per cui si può osservare una maggior esposizione a gravi crisi ipoglicemiche sia al termine dell'esercizio fisico che a distanza di ore, come la sindrome dell'ipoglicemia ritardata notturna che si manifesta soprattutto nei soggetti con diabete di tipo 1, non allenati, che praticano attività fisico-sportive nelle ore serali o pomeridiane, a causa della sottrazione del glucosio dal sangue circolante (incremento della sensibilità insulinica) per riformare le scorte di glicogeno o "zucchero di deposito" (in rapporto all'aumentato dispendio energetico) nelle ore successive allo sforzo fisico.

Ai fini di una pratica sicura dell'attività motorio-sportiva, quindi, la persona con diabete deve acquisire un notevole bagaglio di conoscenze filtrate attraverso la "sperimentazione" quotidiana e intelligente dell'autocontrollo glicemico (misurazione prima e al termine dello sforzo per valutare l'adeguatezza del programma terapeutico in atto), dell'autogestione di insulina e dell'apporto di carboidrati fino a "sostituire" con il ragionamento l'automatismo della funzione del pancreas (organo deputato alla produzione di insulina). Nonostante le molteplici variabili da considerare, questo processo conduce il diabetico sportivo, soprattutto quello di tipo 1 insulino-dipendente, ad un esercizio continuo di educazione terapeutica che può produrre dei vantaggi sul compenso metabolico sicuramente maggiori di quelli prodotti dall'esercizio fisico stesso; ciò viene normalmente svolto durante i corsi di sport promossi dall'Associazione Nazionale Italiana Atleti Diabetici per favorire uno stile di vita attivamente corretto, ma soprattutto per formare i giovani atleti diabetici a sapersi gestire autonomamente attraverso la pratica regolare di una sana attività fisico-sportiva e il giusto introito calorico sia in termini di quantità che di qualità.

L'ora di effettuazione dell'esercizio fisico condiziona fortemente il comportamento glicemico a seconda che l'attività fisica venga svolta in fase post-prandiale, interprandiale o pre-prandiale; dovendo mimare artificialmente la naturale secrezione del pancreas, si consiglia di effettuare l'attività fisico-sportiva almeno 2-3 ore dopo l'iniezione di un analogo rapido di insulina, 4-5 ore dopo l'iniezione di insulina umana regolare e dopo almeno 8-10 ore dall'iniezione dell'insulina intermedia. Perciò gli orari ideali possono essere il primo mattino (prima dell'iniezione dell'insulina pre-colazione) oppure nella tarda mattinata o nel tardo pomeriggio. Se non si può rispettare tale norma di prudenza è necessario aumentare l'introito di carboidrati intra e post-esercizio nella misura di 25-50 grammi di glucosio per ogni ora di attività.

Si osserva una stretta correlazione tra l'obesità e il diabete proprio per la tendenza all'accumulo di grassi nelle cellule muscolari ed epatiche (del fegato) man mano che si sviluppa il meccanismo dell'insulino-resistenza, caratteristico del diabete di tipo 2 non insulino-dipendente. L'esercizio fisico in tal senso risulta essere molto utile perché, oltre ad aumentare la perfusione del letto vascolare e indurre una maggiore sensibilità ed esposizione dei recettori per l'insulina (unico mezzo diretto ad incrementare la sensibilità insulinica), riduce a livello del tessuto adiposo la tendenza a depositare grasso viscerale specie nella regione toraco-addominale. Tuttavia un aspetto da non trascurare è rappresentato dalla regolarità, oltre che dalla programmazione e strutturazione dell'esercizio fisico; infatti gli effetti metabolici di una singola seduta di attività fisica si perdono dopo circa 48/72 ore, mentre quelli dell'allenamento regolare si perdono dopo 15/30 giorni dalla sospensione.

La stessa diabetologia italiana negli ultimi anni comincia sempre di più ad orientarsi nella prescrizione dell'esercizio fisico come strumento di prevenzione e di cura insostituibile, la vera novità terapeutica della malattia diabetica e delle sue complicanze. Tuttavia il primo approccio deve essere di carattere psicologico: motivare un soggetto diabetico, soprattutto in sovrappeso, ad abbandonare uno stile di vita sedentario ed avvicinarlo ad uno strumento terapeutico che considera faticoso non è per niente facile, sia per la presenza di criticità psico-sociali (sentirsi inadeguati, pigrizia, mancanza di accompagnatori, di scarsa utilità per il proprio diabete) sia perché gli effetti benefici non sono immediati e spesso si tende a percepire solo le difficoltà a breve termine dell'attività fisica: stanchezza, dolori muscolari, sudore, fiato corto… Le strategie di intervento devono essere sia a breve che a lungo termine, attraverso degli ausili che rinforzano l'autostima (tecniche di *counseling*), per potere da un lato assicurare adesione al programma terapeutico e dall'altro coinvolgere in una gestione attiva e consapevole della malattia.

Nella tabella seguente vengono illustrate le maggiori complicanze d'organo a cui una persona con diabete può andare incontro, con i relativi esercizi fisici da incoraggiare oppure da sconsigliare onde comprometterne ulteriormente il quadro clinico:

TIPO DI COMPLICANZA	ATTIVITÀ CONSENTITE	ESERCIZI CONTROINDICATI
Cardiopatia ischemica	Nuoto Marcia Cyclette	Non fare attività se la frequenza cardiaca è alta e ci sono alterazioni del ritmo
Retinopatia background e ipertensione	Cyclette Footing Jogging Nuoto	Sollevamento pesi Body building Canottaggio Wind-surf
Retinopatia proliferante	Marcia Cyclette	Anaerobici o isometrici (salti e scuotimenti del capo)
Neuropatia sensitiva distale	Marcia Cyclette	Di squadra, giochi sulla spiaggia, danza aerobica, corsa di fondo
Neuropatia clinicamente evidente (lieve o subclinica)	Nuoto Marcia	Ogni altro tipo
Arteriopatia obliterante	Marcia	
Scompenso glico-metabolico		Ogni tipo fino al ripristino dell'equilibrio metabolico

Alcune piccole indicazioni per la pratica corretta di attività motorio-sportiva al fine di promuovere la salute e garantire il minimo rischio per ciascun soggetto trattato con dieta e/o con farmaci ipoglicemizzanti orali e/o insulina:

- Monitorare a glicemia prima di iniziare l'attività fisica, soprattutto se non programmata, e dopo lo sforzo fisico (durante se è prolungato, maggiore di 1 ora) per poter mettere in atto i dovuti adattamenti (introduzione di carboidrati, dose insulinica, terapia ipoglicemizzante).
- Svolgere l'attività fisica almeno 3-4 ore dopo i pasti per evitare alti livelli di insulina nel sangue; in caso di somministrazione di insulina iniettarla nelle zone non esposte all'esercizio fisico (ad esempio la pancia) onde evitare il rischio ipoglicemico per l'accelerato assorbimento durante il movimento.

- Indossare indumenti leggeri con una normale traspirazione della pelle per evitare il rischio di colpi di calore; consigliamo scarpe di buona qualità, comode, senza cuciture interne, ben ammortizzate e con plantare amovibile per ridurre al minimo i traumi ai piedi.
- Utilizzare gel di silicone, solette trasparenti o calzini in poliestere (di materiale spugnoso) per prevenire le vesciche e mantenere il piede secco.
- Un adeguato apporto di liquidi (200-500 ml) o di bevande blandamente zuccherate contenenti sali minerali per bilanciare le perdite col sudore che si riflettono poi sul peso corporeo (la disidratazione influisce negativamente sui livelli glicemici e sulla frequenza cardiaca).
- Coinvolgere a supporto altre persone (amici, familiari, altri diabetici): l'attività fisica risulta più gradevole e può contribuire allo sviluppo del meccanismo dell'auto-aiuto.

L'alimentazione dello sportivo con diabete

Se hai il diabete cosa puoi mangiare prima di un'attività fisica? Noi consigliamo l'assunzione di cibi facilmente digeribili e ricchi di zuccheri complessi e fruttosio. Per esempio: *a colazione,* latte scremato o tè o succo di frutta e prodotti da forno dolci o salati con miele o marmellata; *a pranzo,* pasta asciutta condita con pomodoro, grana e olio di oliva crudo, pesce o carne alla griglia o prosciutto crudo senza grasso con verdura cruda o cotta, un frutto fresco; a *cena*: un primo piatto e un dessert; *come spuntino*: cereali o frutta fresca o essiccata.

Inoltre raccomandiamo di astenersi dall'assunzione di alcolici, cibi grassi, fritti, formaggi e salumi, dolci con panna, gelati.

Quanto mangiare: raccomandiamo un pasto non abbondante. Quando mangiare: è preferibile alimentarsi almeno 2 ore prima dell'attività per i pasti principali e almeno 30 minuti prima per lo spuntino.

Se hai il diabete cosa puoi mangiare dopo l'attività motorio-sportiva? Come *spuntino*: un prodotto da forno dolce o salato; a *pranzo* o *cena*: un primo (pasta asciutta condita con pomodoro, grana, olio di oliva crudo oppure minestra in brodo di carne o verdura o legumi o pizza margherita) e un secondo (pesce o carne alla griglia o prosciutto crudo o cotto); come *dessert,* se la glicemia lo consente, possiamo consigliare un dolce tipo crostata di frutta.

Quando mangiare: subito dopo per lo spuntino, almeno 1 ora dopo per la cena. Quanto mangiare: preferibilmente un pasto non abbondante.

Inoltre, tenendo conto che l'attività sportiva può comportare notevoli perdite di acqua con il sudore, ricordati di idratarti bene prima di iniziare lo sforzo fisico. Cosa bere: acqua non gassata, non fredda, tè leggero tiepido, succhi di frutta non freddi. Quanto bere: spesso ma a piccole quantità per volta. Quando bere: sia prima della attività sportiva che al termine e in caso di impegni lunghi e faticosi, di ambiente caldo-umido e di eccessiva sudorazione anche durante lo sforzo fisico.

Diabete e sport: l'esperienza italiana, l'ANIAD e i suoi atleti

Il mondo dello sport e del diabete ha, in Italia, alcune peculiarità ed originalità che non si riscontrano in altri Paesi. Dal 1991 esiste l'Associazione Nazionale Italiana Atleti Diabetici (ANIAD ONLUS), unica fra le 220 associazioni aderenti all'IDF (International Diabetes Federation) a occuparsi esclusivamente della diffusione dello sport, della formazione e del sostegno degli atleti con diabete, oltre che della promozione della salute attraverso l'attività fisica nelle persone con diabete. Nata da una precedente esperienza spontanea regionale, l'ANIAD ha avuto il merito di aggregare numerosi giovani che praticavano diverse discipline a buon livello fin dagli anni '80, quasi sempre con il "fai da te" e spesso "nascondendosi" rispetto al mondo ufficiale della diabetologia di allora, non sempre incline a accettare e sostenere tali persone.

L'associazione ha creato in questi anni un diffuso network di opinioni e attività fra gli atleti con diabete contribuendo a diffonderne la cultura, imponendo l'immagine dello sportivo diabetico consapevole, attento, capace di valutare sempre il rapporto rischio/beneficio e quindi modello da seguire.

Questo network di atleti diabetici, alcuni dei quali abili anche nel comunicare in modo corretto e convincente, è stato in questi venti anni di vita dell'ANIAD, in grado di promuovere la diffusione della cultura dello sport fra i diabetologi e gli operatori sanitari e ha contribuito a far maturare nel mondo della diabetologia la convinzione che bisognasse valorizzare l'attività fisica quale importante mezzo di crescita e formazione della persona con diabete oltre che di mantenimento della salute acquisendo le opportune conoscenze e metodologie applicative.

Dalla associazione in modo organizzato o talvolta spontaneistico sono gemmati molti altri gruppi con particolare interesse in specifiche attività sportive, quali ad esempio l'ADIQ (Alpinisti Diabetici in Quota), esperti di alta montagna che hanno conquistato numerose vette anche superiori ad 8.000 metri in Asia, Africa e Sud America.

Il loro impegno sociale si esprime annualmente nella organizzazione dell'iniziativa denominata "DiabTrek", stage di trekking di mezza montagna destinato a bambini con diabete tipo 1 e guidati oltre che da diabetologi dagli stessi alpinisti con diabete.

Questo rappresenta un modello di comunicazione educativa eccellente e un esempio di come il diabetico guida possa essere egli stesso promotore di salute nella comunità.

Altri gruppi da ricordare sono il gruppo della squadra nazionale di basket e la squadra di calcio dell'ANIAD, entrambe più volte impegnate in incontri anche a livello nazionale che hanno contribuito alla diffusione delle conoscenze di questa malattia e al miglioramento dell'immagine della persona con diabete esibendosi spesso in occasione delle manifestazioni a corollario della Giornata Mondiale del Diabete. Ancora, il gruppo Ciclismo & Diabete annovera alcune centinaia di aderenti e organizza escursioni di fondo in Italia e in Europa per promuovere le conoscenze sul diabete nei media e aumentare le conoscenze personali degli aderenti sulla fisio-patologia dello sport, sulla gestione dell'alimentazione e dell'insulina in occasione degli incontri culturali che sempre si legano all'evento sportivo. Il gruppo Diabete No Limits impegnato nel podismo di fondo (mezze maratone e maratone), dotato di un sito assai vivace e interattivo è particolarmente impegnato nel confronto fra atleti con diabete rispetto a strategie terapeutiche comportamentali adottate durante tali gare. Completano il quadro il gruppo di Velisti e il neonato gruppo in seno alla ANIAD dei praticanti il Triathlon.

Passando da queste aggregazioni che rappresentano un bell'esempio di lavoro di gruppo, vanno segnalate alcune individualità di giovani che, talora attraverso un percorso complesso e doloroso di accettazione della propria malattia e ricerca di un diabetologo che potesse sostenere le loro aspirazioni, hanno raggiunto obiettivi importanti e mediaticamente rilevanti, contribuendo a proporre e a diffondere questa immagine positiva di vitalità e benessere, educazione terapeutica e consapevole convivenza con il diabete.

Mi piace citare in particolare Monica Priore, prima donna in Italia con diabete ad aver attraversato a nuoto lo stretto di Messina, e naturalmente Mauro Talini.

La pratica responsabile dello sport, oltre ai ben noti effetti benefici sul sistema cardiovascolare, obbliga ad effettuare un autocontrollo glicemico costante e "ragionato", richiede una costante attenzione alle proprie scelte alimentari e una valutazione previsionale del dispendio energetico e quindi del fabbisogno glicidico compensatorio, in altre parole allena a gestire il diabete nel migliore dei modi in condizioni talvolta "estreme" e quindi rappresenta una palestra di autogestione straordinaria anche nella vita quotidiana. La pratica regolare dell'attività sportiva in persone con diabete sviluppa inoltre quelle caratteristiche tipiche dello sport come la lealtà, la disponibilità ad aiutare gli altri e la valutazione del rapporto rischio/beneficio che sono estremamente formative nel processo di accettazione della malattia cronica e, unitamente alle soddisfazioni sportive e alla costante percezione di una mantenuta condizione di salute, migliorano significativamente la qualità di vita.

L'ANIAD, che in questi venti anni di vita ha raggiunto migliaia di giovani con diabete, ha partecipato o organizzato centinaia di iniziative sportive talora in collaborazione con altre associazioni, enti e istituzioni, è impegnata in questo processo virtuoso i cui attori fondamentali sono gli stessi atleti con diabete.

Come si vede, un mondo variegato "in movimento" che rappresenta un valore aggiunto nel panorama diabetologico italiano.

Mauro Talini e l'ANIAD

Ho conosciuto Mauro Talini sei anni fa attraverso il tam tam che ANIAD faceva grazie al suo sito e al network degli atleti diabetici. Mauro timidamente mi telefonò e mi raccontò la sua storia, già fin da allora straordinaria, di ciclista straordinario che aveva dovuto combattere contro veti e qualche volta anche sfiducia nei suoi confronti e nei suoi mezzi atletici da parte dei vari diabetologi che lo curavano fin da bambino. L'occasione di incontrare Mauro fu immediatamente colta al volo: un gruppo di atleti ed io, Gerardo Corigliano, Presidente dell'Associazione Nazionale Italiana Atleti Diabetici, ci recammo a Cortina per la tradizionale biciclettata "Cortina-Dobbiaco" e lungo la strada, nei pressi di Firenze, raccogliemmo Mauro che venne con noi e si comportò egregiamente in quella manifestazione di cross in bici non competitiva. Mauro aveva un viso che era un libro aperto; immediatamente colsi dal suo sguardo serenità, sincerità, voglia di fare, impegno, abnegazione e soprattutto rispetto di se stesso, delle persone con cui entrava in contatto e anche nei confronti della propria malattia, con la quale ormai conviveva tranquillamente anche con ottimi risultati sul piano del compenso metabolico, grazie non solo allo sport, ma anche alla sua capacità di "capire" il suo diabete attraverso l'autocontrollo e l'autogestione intelligente.

Forse dall'incontro con ANIAD Mauro trasse ulteriore nuova linfa e rinnovati stimoli per iniziare il suo percorso in bici in giro per il mondo (fino ad allora aveva fatto esclusivamente, fra il disinteresse totale, un giro tra Toscana, Umbria e Lazio). Mauro, infatti, progettò un lungo tour di oltre 2.500 km nell'Italia meridionale e questa volta non fu solo, perché in alcune sedi fu accolto da delegazioni di persone con diabete, associazioni, sportivi e medici, stimolati anche dal suo apparire ufficiale sul sito dell'ANIAD. Il passo per attraversare la frontiera e portare il messaggio di solidarietà, di benessere e il nome dell'ANIAD in giro per il mondo fu brevissimo. Anno dopo anno Mauro bruciò le tappe percorrendo dapprima oltre 2.600 km per recarsi a Fatima, toccando alcuni santuari e quindi dando forte impulso alla sua fede; ricordo ancora di quel lungo giro il nostro incontro a Santiago de Compostela e l'accoglienza che ci fece addirittura il sindaco della città, con Mauro stremato perché veniva da una tappa lunghissima che aveva messo a dura prova la sua straordinaria resistenza. L'anno successivo fu la volta dell'Olanda, passando dalla Polonia per visitare il santuario di Czestochowa, e anche lì ci fu un momento di fede e di incontro in comune nella città di Cracovia con me e mia moglie. E poi, anno dopo anno, il grande tour che lo portò a Capo Nord addirittura con quattro giorni di anticipo sulla tabella di marcia ed ancora, l'anno successivo, il suo pellegrinaggio di fede a Gerusalemme attraverso i Balcani e l'Asia Minore; in questo percorso che idealmente facciamo insieme da anni, con me e con gli atleti dell'ANIAD mi piace ricordare che proprio in quei giorni io ero sul Sinai e via SMS potei seguirlo anche in quella pedalata di sport e di fede. E infine, dopo un anno di sosta, il grande passo oltre oceano, l'attraversamento di tutta l'America latina nell'ambito del progetto "Una bici mille speranze" a cui questo libro è dedicato. Le doti umane di Mauro sono straordinarie; spesso mi racconta come attraverso la solitudine, la fatica catartica e, perché no, anche la preghiera trae la forza per portare avanti tappe di centinaia di km, giorno dopo giorno, sulle strade più impervie e nelle condizioni più disagiate, convivendo con questo suo "inquilino" che è il diabete insulino-dipendente conoscendolo, controllandolo, gestendolo e qualche volta anche "subendone i capricci".

Dal punto di vista diabetologico Mauro ha un buon compenso metabolico costante negli anni, con un'emoglobina glicata (parametro indicativo del livello di cura) compresa fra 6-7% e con tutti gli altri esami perfettamente in ordine. Anche al ritorno dal Sud America ha effettuato dei test specifici per valutare l'efficienza a livello genetico e biochimico muscolare che hanno dimostrato la solidità di un grande atleta.

Le tabelle dei profili glicemici, che Mauro ha riportato in alcune pagine del suo diario, dimostrano quanto sia stabile la sua glicemia, quanto egli sia capace di "raddrizzarla" con piccoli boli di insulina e quanto sia utile, non solo dal punto di vista cardio-vascolare e psico-sociale, ma anche dal punto di vista metabolico l'attività fisica regolare che consente a Mauro in certi giorni di poter addirittura far a meno dell'insulina prandiale, passando da

4-6 iniezioni al giorno magari a una sola di insulina lenta per la copertura basale ed evitare le ipoglicemie.

Mauro impersona perfettamente le caratteristiche dell'atleta ANIAD: è una persona semplice, motivata, forte fisicamente, consapevole dei rischi e dei benefici che l'attività fisica può indurre in una persona con diabete, estremamente educato all'autocontrollo e all'autogestione, disponibile verso gli altri anche attraverso il magnifico esempio di solidarietà che il progetto "Una bici mille speranze" ha sviluppato. Nella vita l'occasione di un incontro speciale può cambiarne il corso: devo dire che per me e per molti altri atleti dell'ANIAD che lo hanno conosciuto è stato proprio così.

Alcuni messaggi importanti da "portare a casa"

La vita con il diabete può essere vissuta serenamente, bastano un po' di attenzione e di consapevolezza per fare tutte le attività che fanno anche gli altri senza essere costretti a rinunciarvi.

L'esperienza e il controllo della glicemia consentono di regolarsi bene e autogestirsi meglio.

Uno stile di vita attivo, con un sano movimento e un'equilibrata alimentazione, può aiutare la persona con diabete ad avere sotto controllo la glicemia e quindi prevenire le complicanze.

Il movimento, ben condotto e svolto regolarmente, consente allo zucchero (glucosio) di non accumulare nel sangue (glicemia) ma di essere utilizzato come forte energetica dai muscoli e dal cervello.

L'attività fisico-sportiva viene praticata sempre più diffusamente dai giovani, specie dai diabetici di tipo 1 insulino-dipendenti, e utilizzata come "palestra" di educazione terapeutica e di autocontrollo glicemico, oltre che come mezzo per migliorare l'autostima e la qualità di vita.

Dott. *Gerardo Corigliano*
e
Dott.ssa *Cristina De Fazio*

Dediche e ringraziamenti

Grazie al Presidente della Repubblica per la sua adesione, il Ministero degli Affari Esteri, le Regioni: Emilia Romagna e Toscana, le Province di Roma, Bologna, Lecce, il Comune di Bologna, la Città di Sasso Marconi, il Comune di Massarosa, il Segretariato Sociale Rai e inoltre: l'Istituto Missionarie dell'Immacolata Padre Kolbe, ANIAD Onlus (Associazione Nazionale Italiana Atleti Diabetici), Corradi Spa, Novo Nordisk Changing Diabetes, FB Group Spa, Marazzi Spa, Rotork Fluid System Spa, Evonik Degussa Italia Spa, La Quadrifoglio scavi Srl, Mister Web Srl, Bug Italia Srl, Effe2, Kulmine Cycling, Intersezione Srl, l'Aeroporto di Bologna, Fondazione Salvatore Crucitti Onlus, Misericordia di Quiesa, Parrocchia di Quiesa, GS Amici della Marcia di Massarosa, LVM Tecnologics, M.B.S. srl, gruppo ciclisti "Stelvio over 70" di Giancarlo Maini, S.C. Ceretolese, Club 41 Bologna e tante, tante persone che hanno iniziato a condividere il mio sogno e quello dell'AIPK siamo riusciti a raccogliere finora oltre 80.000 euro per la *Città della Speranza*. Oltre i miei km, ci sono stati i km in telefonate, e-mail, in incontri dei volontari, degli associati, dell'AIPK, delle Missionarie per far sì che ognuno potesse con i propri contatti e le proprie capacità rendersi utile alla causa. I fondi raccolti sono frutto del lavoro gratuito di chi "ha messo del suo nel bisogno dell'altro".

Un grazie particolare a Marta Graziani, Presidente e Missionaria dell'Associazione Internazionale Padre Kolbe.

Grazie anche a tutte le persone che si sono prodigate ad organizzare ogni anno i vari eventi correlati ai miei viaggi con partenza dal Comune di Massarosa: Fabrizio Larini (ex sindaco) e Franco Mungai (attuale sindaco del Comune di Massarosa), Giuseppe Lucchesi (ex vicesindaco) e Adolfo Del Soldato (attuale vicesindaco), Claudio Marlia (ex assessore allo Sport) e Mariano Donati (attuale assessore allo Sport), Pierina Magrofuoco (ufficio stampa), Silvia Fratoni (ufficio sport).

Grazie anche al dott. Gerardo Corigliano, presidente ANIAD, al dott. Federico Serra, manager Novo Nordisk, e alla dott.ssa Rosa Maria Meniconi, ex primaria Centro Diabetologico Lido di Camaiore.

Questo libro è dedicato:

a tutte le persone che in questi anni mi sono state vicine: sono così tante che mi sarebbe impossibile citarle una ad una.

A tutti i bambini di Riacho Grande che vivono in estrema povertà.

A tutti i bambini diabetici del mondo.

A tutte le persone che si sentono vittime arrivando anche a rammaricarsi di essere nate, ricordando loro che la vita in qualunque situazione la viviamo è un'opportunità.

A tutte le persone pronte alla critica, pronte a condannare, pronte a mettere in risalto sempre il male, ma che non escono dal proprio metro quadrato di visione e non muovono un dito per cercare di migliorare le cose.

A tutte le persone amanti della vita.

La vita è un dono, non molliamo mai, sempre avanti.

Finito di stampare nel mese di ottobre 2010
dalla Tipografia LIPE (San Giovanni in Persiceto, Bo)